essentials

essentials liefern aktuelles Wissen in konzentrierter Form. Die Essenz dessen, worauf es als „State-of-the-Art" in der gegenwärtigen Fachdiskussion oder in der Praxis ankommt. *essentials* informieren schnell, unkompliziert und verständlich

- als Einführung in ein aktuelles Thema aus Ihrem Fachgebiet
- als Einstieg in ein für Sie noch unbekanntes Themenfeld
- als Einblick, um zum Thema mitreden zu können

Die Bücher in elektronischer und gedruckter Form bringen das Fachwissen von Springerautor*innen kompakt zur Darstellung. Sie sind besonders für die Nutzung als eBook auf Tablet-PCs, eBook-Readern und Smartphones geeignet. *essentials* sind Wissensbausteine aus den Wirtschafts-, Sozial- und Geistes-wissenschaften, aus Technik und Naturwissenschaften sowie aus Medizin, Psychologie und Gesundheitsberufen. Von renommierten Autor*innen aller Springer-Verlagsmarken.

Dominika Lothary

Menschenzentrierte Unternehmensstrategie

Erfolgreiche Gestaltung und
Entwicklung eines Unternehmens in
Zeiten des Paradigmenwechsels

Dominika Lothary
Bensheim, Deutschland

ISSN 2197-6708 ISSN 2197-6716 (electronic)
essentials
ISBN 978-3-658-41845-8 ISBN 978-3-658-41846-5 (eBook)
https://doi.org/10.1007/978-3-658-41846-5

Die Deutsche Nationalbibliothek verzeichnet diese Publikation in der Deutschen Nationalbibliografie; detaillierte bibliografische Daten sind im Internet über https://portal.dnb.de abrufbar.

Planung/Lektorat: Ann-Kristin Wiegmann
Springer Gabler ist ein Imprint der eingetragenen Gesellschaft Springer Fachmedien Wiesbaden GmbH und ist ein Teil von Springer Nature.
Die Anschrift der Gesellschaft ist: Abraham-Lincoln-Str. 46, 65189 Wiesbaden, Germany

Was Sie in diesem *essential* finden können

- Eine Einführung in die zentralen Aspekte menschlicher Interaktionen und die Darstellung der Hauptkomponenten der Humanistischen Psychologie.
- Die Darstellung der entscheidenden Veränderungsprozesse im Kontext des weltweiten Paradigmenwandels.
- Die bedeutendsten Erkenntnisse über die Auswirkungen des globalen Paradigmenwandels auf die Gestaltung und Weiterentwicklung eines Unternehmens.
- Die Beschreibung des methodischen Vorgehens zur Implementierung einer menschenorientierten Unternehmensstrategie.

Vorwort

In einer sich ständig wandelnden Welt, in der Technologie, Globalisierung und gesellschaftliche Veränderungen die Art und Weise, wie wir arbeiten und leben, ständig neu gestalten, wird immer deutlicher, dass der Schlüssel zu nachhaltigem Unternehmenserfolg im Kern unserer Organisationen liegt: in den Menschen. Dieses Buch will konventionelle Weisheiten in Frage stellen und eine neue Perspektive auf die wesentliche Rolle des Menschen in der modernen Arbeitswelt eröffnen.

Ich begebe mich auf eine Reise, um den Paradigmenwechsel zu erforschen, der sich weltweit an den Arbeitsplätzen vollzieht. Dadurch erkenne ich den Einfluss verschiedener Veränderungen im Arbeitsleben an und entschlüssele neue Einsichten und Strategien, die die Zukunft von Organisationen gestalten werden. Auf der Grundlage einer Fülle von interdisziplinären Forschungsergebnissen und Beispielen aus der Praxis zeigt dieses Buch die Kraft der humanistischen Psychologie und ihr Potenzial, die Art und Weise, wie Unternehmen geführt werden und wie Unternehmensstrategien entwickelt werden, zu revolutionieren.

Im Kern ist das Buch ein Aufruf zum Handeln für Unternehmensleiter, Manager und Mitarbeiter gleichermaßen. Es regt zu einem Umdenken an und fordert uns auf, den Wert des Beitrags jedes Einzelnen zum Unternehmenserfolg zu erkennen und das Wohlbefinden und die Entwicklung unserer Mitarbeiter über alles andere zu stellen. Meine Argumentation basiert darauf, dass Unternehmen durch die Förderung eines positiven Arbeitsklimas, die Ermächtigung ihrer Mitarbeiter und deren aktive Beteiligung an Entscheidungsprozessen nicht nur ihre Leistung steigern, sondern auch starke, dauerhafte Beziehungen zu ihren Mitarbeitern aufbauen können.

Dieses Buch ist ein Muss für jeden, der sich in der komplexen Arbeitswelt von heute zurechtfinden und die Macht der Menschen bei der Gestaltung der Zukunft des Unternehmens verstehen will.

Bensheim   Dominika Lothary
April 2023

Inhaltsverzeichnis

Ein Mensch als ein Individuum: psychologische Grundlagen

Zusammenfassung

Der globale Paradigmenwechsel in der Unternehmensgestaltung sieht eine verstärkte Konzentration auf menschliche Interaktionen und soziale Aspekte vor. Die Mitarbeiter sind nicht länger nur Ressourcen, sondern werden als essentielle und individuelle Beitragsleistende gesehen, deren Kompetenzen und Fähigkeiten genutzt und entwickelt werden müssen. Sie sind gleichzeitig Empfänger und Schöpfer von Erfahrungen und Wissen, und ihre Interaktionen und Beziehungen bilden das Rückgrat des Unternehmens. Eine wichtige Komponente dabei ist die individuelle Bewertung jedes Mitarbeiters, um seine Stärken herauszufinden und optimal im Unternehmen einzubringen. Diese individuelle Betrachtungsweise der Mitarbeiter unterstützt die Etablierung einer Unternehmenskultur, die Offenheit, Akzeptanz und gegenseitige Unterstützung fördert, wodurch sowohl die Kooperation als auch der kommerzielle Erfolg garantiert wird. Jeder Mitarbeiter ist durch eine Mischung aus Erfahrungen, Gefühlen, Wünschen und Bedürfnissen geprägt, weshalb in Kapitel 1 eine Übersicht der in meinen Augen wichtigsten Einflüsse erörtert werden.

1.1 Menschliches Wesen und seine Bedürfnisse

Zur Veranschaulichung der Bedürfnisse jedes Menschen existieren bereits zahlreiche Modelle. Eins davon ist das bekannte, fünfstufige Modell vom US-amerikanischen Psychologen Abraham Harold Maslow. Er gilt als einer der Pioniere der Humanistischen Psychologie. Aus seinem Menschenbild heraus entstand eine grafische Darstellung in Form einer „Bedürfnispyramide nach Maslow", siehe Abb. 1.1, die die Bedürfnisse eines Menschen in fünf Hauptgruppen kategorisiert. Dieses

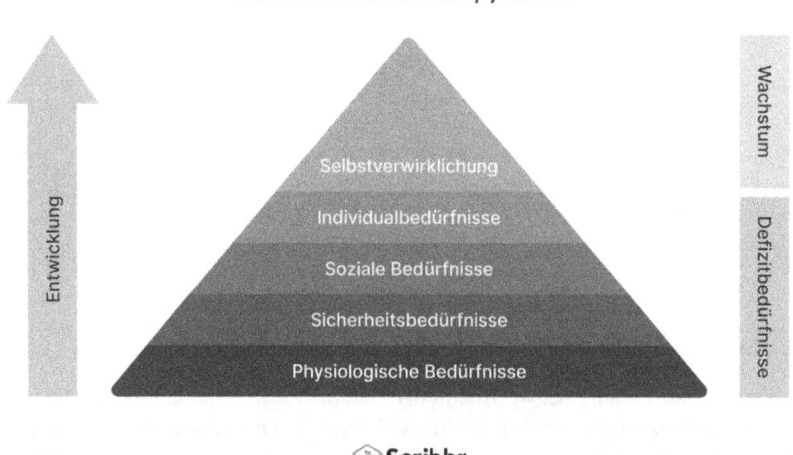

Abb. 1.1 Die Maslowsche Bedürfnispyramide (Design von Dolf Robertus). (Flandorfer 2022)

Modell wurde jedoch in den letzten Jahrzehnten um weitere Stufen erweitert. Zur Vereinfachung wird in diesem Buch der Fokus auf das ursprüngliche fünfstufige Modell gelegt. Ein Transfer dieser Bedürfnisse ins Arbeitsumfeld sowie die Wichtigkeit deren Erfüllung im Berufsleben nimmt mit den Jahren kontinuierlich an Bedeutung zu. Im Resultat bilden sie einen entscheidenden Faktor der menschenzentrierten und erfolgreichen Unternehmensstrategie.

„Die Bedürfnisse, die man gewöhnlich als Ausgangspunkt der Motivationstheorie benutzt, sind die sogenannten physiologischen Triebe" (Maslow 1977, S. 74).

Die unterste Ebene der Maslowschen Bedürfnispyramide stellt daher die Ebene der physiologischen Bedürfnisse jedes Menschen dar. Sie repräsentiert die Grundbedürfnisse der Menschen, ohne deren die Existenz gar nicht möglich wäre, u. a. Essen, Trinken, Schlafen und Homöostase. Die Übertragung von einem Teil dieser Bedürfnisse ins Berufsleben ist daher essentiell für den zeitgemäßen Umgang mit Mitarbeitern. Fühlen sich die Arbeitskollegen wohl in ihrem Arbeitsumfeld, können die Unternehmensziele leichter erreicht werden. Die Art und Weise der Erfüllung dieser Bedürfnisse weist ein sehr breites Spektrum auf: von den rechtlich regulierten Pausen- und Arbeitszeiten jedes Mitarbeiters, welche zur Erhaltung der „beruflichen Homöostase" beitragen, bis hin zur Erfüllung der gastronomischen Wünsche, indem z. B. eine Küche, ein Obstkorb oder ein Getränkeautomat zur Verfügung gestellt werden. Wer plötzlich Hunger haben soll, kann diesen dadurch relativ einfach stillen. Im beruflichen Umfeld wird nicht selten diese Ebene im Zusammenhang mit dem Sinn einer Erwerbstätigkeit gebracht, nämlich die Erbringung der Arbeitsleistung gegen Entgelt. Schließlich arbeitet niemand umsonst (Flandorfer 2022).

Die zweite Ebene beinhaltet nach Maslow die Sicherheitsbedürfnisse jedes Menschen. Maslow und viele seiner Nachfolger definieren die menschlichen Sicherheitsbedürfnisse unter anderem als Sicherheit, Stabilität, Geborgenheit, Schutz, Angstfreiheit, Bedürfnis nach Struktur, Ordnung, Gesetz, Grenzen und Schutzkraft. Wir alle brauchen ein gewisses Maß an Ordnung, Sicherheit und Stabilität im Leben, auch im Beruf. Eine „sichere" Arbeitsstelle spielt dabei eine unvermeidbar große Rolle. Deshalb lassen sich die maslowschen Sicherheitsbedürfnisse im Arbeitsverhältnis sehr gut anwenden. Im ersten Schritt der Analyse dieser Bedürfnisse soll die Frage „Was ist für mich ein sicheres Arbeitsumfeld" gestellt werden, denn die Antwort variiert je nach Branche und ist abhängig von jedem einzelnen Menschen. Deshalb werden wir in diesem Punkt mit wesentlichen Treibern des Sicherheitsgefühls im Arbeitsumfeld konfrontiert. Einerseits kann das Sicherheitsgefühl durch die finanzielle Sicherheit zum Ausdruck gebracht werden. Die finanzielle Sicherheit kann durch Maßnahmen wie Sparen, Existenzabsicherung, Altersvorsorge und Arbeitsplatzstabilität definiert werden. Anderseits spielen auch die gesunde Arbeitsplatzgestaltung z. B. durch die Ergonomie des Arbeitsplatzes oder eine sichere Arbeitsumgebung (z. B. Arbeitsschutzausrüstung) eine große Rolle (Flandorfer 2022).

Die sozialen Bedürfnisse werden nach Maslow durch Freundschaft, Wertschätzung, Zugehörigkeit und Partnerschaften erfüllt. Zur Begutachtung dieser Ebene rückt deshalb das Betriebsklima im Unternehmen in den Fokus. Sie ist für das Wohlfühlen der Angestellten sowie zur Steigerung der Produktivität entscheidend. Jedoch muss man diese Stufe auch auf individueller Ebene betrachten. Ein introvertierter Mensch mag vielleicht nicht ständig mit anderen Menschen in Kontakt bleiben und bevorzugt sich auf die eigenen Aufgaben zu konzentrieren. Für einen extrovertierten Kollegen könnte dagegen zu wenig Kontakt mit anderen Mitmenschen einen negativen Einfluss auf die Arbeitsleistung und -motivation nehmen. Zur Berücksichtigung der sozialen Natur eines Menschen können im Unternehmen zahlreiche Teambildungsmaßnahmen, Teamevents und gemeinsames Coaching etabliert werden. Ein wichtiger Punkt zur Erfüllung der sozialen Bedürfnisse ist die Erschaffung der Bedingungen für eine gute Work-Life-Balance. Als Ergebnis dieser Maßnahmen wird eine Bindung der Mitarbeiter sowie ein besserer sozialer Umgang miteinander erwartet. Unerfüllte soziale Wünsche können in schweren Fällen die Einsamkeit, Depressionen, Burn-outs oder Bore-outs zur Folge haben (Flandorfer 2022).

Eine weitere Stufe der Bedürfnispyramide beschreibt die Individualbedürfnisse, welche die Suche nach Selbstwerterhöhung darstellen. Darunter werden die Werte wie Respekt, Macht, Prestige, Status, Anerkennung, Image, Ziele oder persönliche Durchsetzung verstanden. Angestellte wollen zur Erreichung des Glücksgefühls anerkannt und wertgeschätzt werden. Bekannterweise wird somit die Motivation und Produktivität erhöht. Der Wunsch nach der Erfüllung dieser Bedürfnisse ist jedoch bei jedem Menschen sehr individuell, wodurch sich auch deren Interpretationsspielraum erweitert. Im beruflichen Umfeld können diese Bedürfnisse mittels Maßnahmen zur Erhöhung der Motivation durch finanzielle Anreize erfüllt werden. Zu diesem Zweck sind die Belohnungen für das Erreichen von Zielen, Beförderungen oder Umsatzbeteiligung besonders interessant. Motivierend wirken ebenfalls Lob für die erbrachte Leistung und eine wertschätzende Kommunikation (Flandorfer 2022).

Die Selbstverwirklichung steht auf der letzten und höchsten Stufe der fünftstufigen Bedürfnispyramide von Maslow und bildet die Bedürfnisse der Menschen nach (Weiter-) Entwicklung, Kultur, Wachstum, Spiritualität oder Kreativität ab. Sie wird von Menschen erreicht, deren grundlegende Bedürfnisse vorheriger Stufen bereits erfüllt sind. Ein Unternehmen ist am effektivsten und produktivsten, wenn sich Mitarbeitende selbst entfalten und ihr Potenzial voll ausschöpfen können. Beitragend zur Erfüllung dieser Bedürfnisse können Unternehmen maßgeschneiderte Weiterbildungen und Trainings für alle Angestellten anbieten und die Interessen und Stärken einzelner Personen fördern. Auch das Bedürfnis nach dem Sinn der beruflichen Tätigkeit könnte durch Aufgaben erfüllt werden, die Kreativität und Innovationsfähigkeit der Angestellten steigern (Flandorfer 2022).

1.2   Faktoren für menschliche Interaktionen

Die Art und Weise, wie Menschen miteinander interagieren, ist sehr vielfältig. Diese Tatsache ist von vielen Faktoren abhängig. In Abschn. 1.2 werden deshalb ein paar Faktoren beschrieben, die in meiner Wahrnehmung wichtig sind.

1.2.1   Mentalität

Allgemein ausgedrückt ist die Mentalität eine Prädisposition zu einem bestimmten Denk- oder Verhaltensmuster einer Person oder einer sozialen Gruppe. In der Literatur wird der Begriff ebenfalls als ein Synonym für u. a. Denkweise, Einstellung, Lebensphilosophie, Haltung oder Mindset verwendet. Der Umgang eines Menschen mit bestimmten Themen, also die Art, wie Menschen empfinden, denken, fühlen und handeln, hängt stark von dem Mindset ab. Die Mentalität basiert auf einem wechselseitigen Miteinander zahlreicher Variablen und ist geprägt von Erfahrungen, die Menschen auf dem Lebensweg erlebt haben. Jedoch muss man diese Stufe auch auf individueller Ebene betrachten. Die positiven Erfahrungen können uns in bestimmten Bereichen aufgrund den uns bereits bekannten Erkenntnissen bestärken und uns zu bestimmten Handlungen ermutigen. Die negativen, im Gegenteil, können verschiedene Reaktionen, wie z. B. Selbstzweifel, Abneigung oder Vorurteile gegenüber Anderen hervorrufen. Durch die Mentalität werden bestimmte Variablen vorgefiltert, was im Resultat bestimmt, wie wir unsere Umgebung und die Geschehnisse interpretieren (Dweck 2017).

Morehead beschreibt in seinem Artikel ein Gespräch mit dem Psychologieprofessor Carol S. Dweck von der Stanford University. Sie haben sich über die Forschungen zu den Denkweisen und Selbstkonzepten unterhalten, die Menschen verwenden, um ihr Verhalten zu steuern. In diesem Interview erläuterte Dweck anhand eines Beispiels die Definition von einem starren und dynamischen Mindset.

Ein starres Mindset charakterisiert sich durch den Glaube daran, dass alle Faktoren, die die Menschen ausmachen, wie z. B. Fähigkeiten, Intelligenz oder Talente, feste Eigenschaften sind. Das wachstumsorientierte Mindset ist quasi ein Gegenpol davon. Es beschreibt die Einstellung, dass Talente und Fähigkeiten der Menschen durch Ausdauer, Anstrengung oder einen guten Unterricht entwickelt werden können (Morehead 2012).

Anhand der Theorie von Carol S. Dweck, lassen sich bestimmte Verhaltensmuster der Menschen erkennen. Menschen mit einem starren Mindset tendieren zum Vermeiden von Herausforderungen, die zum Scheitern verurteilt sind und können mit Niederlagen nicht umgehen. Meistens sind diese Menschen von einer Begabung im bestimmten Gebiet überzeugt. Die Menschen mit einem wachstumsorientierten oder dynamischen Mindset zeichnen sich durch Neugier und Wissenshunger aus. Sie wissen allerdings, dass zur Erreichung eines Ziels Anstrengungen nötig sind. Sie sehen ihre Fehler als eine Chance daraus zu lernen, sind sich ihrer Schwächen bewusst, lieben Herausforderungen und zeigen eine Offenheit für neue Erfahrungen (Elliott-Moskwa und Dweck 2022; Morehead 2012).

Mindset der Zukunft

Mit welcher Einstellung sollen wir der Zukunft begegnen? Welche Einstellung macht uns erfolgreich? Bei den erfolgreichen Personen finden wir einen gemeinsamen Nenner. Ihr Mindset unterscheidet sich deutlich von dem normalbürgerlichen. Wenn man an die erfolgreichen Persönlichkeiten oder erfolgreichen Unternehmer denkt, kommen den Meisten Elon Musk, Jeff Bezos, Bill Gates oder Steve Jobs in den Sinn. Sie haben ihre Imperien aufgebaut, einen kommerziellen Erfolg erlebt und für die Gesellschaft etwas Neues geschaffen. Charakteristisch für alle vier ist, dass sie visionär in ihrer jeweiligen Branche waren und dadurch die Ansichten ganzer Generationen geprägt haben. Anhand der zahlreichen Interviews mit den vier oben genannten Männer lassen sich gemeinsame Merkmale identifizieren. Der Wille zum lebenslangen Lernen, die Haltung, dass Nichts unmöglich ist, die Fähigkeit der Fokussierung, Ehrgeiz, das langfristige Denken und die Gestaltung vom passenden Umfeld, sind einige Beispiele dafür (HDB Gesellschaften 2023).

Mindset beeinflusst die Unternehmenskultur, die signifikant zum Erfolg des Unternehmens beiträgt und bildet somit einen essenziellen Beitrag bei der Gestaltung der Unternehmensstrategie.

Jedes Unternehmen, darunter auch jede organisatorische Einheit, besitzt eine Unternehmenskultur. Diese Kultur beinhaltet Glaubenssätze und Überzeugungen über den eigenen Wert, die Marktpositionierung, die Einstellung gegenüber Kunden und Mitarbeiter sowie den eigenen Beitrag in der Gesellschaft. Im Zusammenhang mit der Digitalisierung der Welt wurde der Begriff des digitalen Mindsets auf dem Markt etabliert, der sechs erfolgskritische Persönlichkeitsdispositionen beinhaltet: Offenheit und Agilität, Proaktivität, Kreativität und Gestaltungsmotivation, Kundenzentriertheit, Kritikfähigkeit und offener Umgang mit Scheitern. Auch der Begriff des agilen Mindsets etablierte sich in den letzten Jahren auf dem Markt. Dieser basiert auf der Einstellung, dass die einzige Konstante die Veränderung ist. Auf jede neue Situation wird flexibel und situationsbezogen reagiert. Die agile Mentalität zeichnet sich aus durch die Stellung des Kundennutzens im Mittelpunkt, gemeinsames lebenslanges Lernen mit Kunden, kollektive Intelligenz sowie die Einstellung, dass die Autorität erworben und nicht verliehen wird. Dadurch wird die Perfektion nicht von Anfang an erwartet, sondern entwickelt sich während des Lernvorgangs. Die mental agilen Menschen stellen sich ihren Herausforderungen und handeln von Moment zu Moment. Die agile Mentalität findet ihre Anlehnung an die lateinische Sentenz *Carpe Diem.* Die Folgen der Handlungen werden in kleinen Schritten überprüft und anschließend validiert, worauf hin Neues gelernt und das Verhalten angepasst wird. Somit ist ein agiles Mindset eine sehr gute Basis für Unternehmenserfolg, gerade in den Zeiten des Paradigmenwechsels, in dem der Produktlebenszyklus immer kürzer, die Komplexität immer höher und der technologische Fortschritt beinah von Tag zu Tag bemerkbar wird. Diese Einstellung bietet dem Unternehmen die Möglichkeit durch eine hohe Flexibilität, eine schnelle Handlungsfähigkeit sowie eine hohe Produktivität, auf die Marktentwicklungen, Änderungen der Gesetzeslage sowie technologische Innovationen rasch zu reagieren (HDB Gesellschaften 2023).

Bei der Gestaltung einer Unternehmensstrategie ist deshalb zwingend erforderlich, die jeweiligen Mindsets der Mitarbeiter bereits im Vorstellungsgespräch gut beurteilen zu können und anhand dessen die Passgenauigkeit zum Unternehmen zu bestimmen. Große Mentalitätsunterschiede zwischen Mitarbeiter können zu den Konflikten im Arbeitsumfeld, zur Stagnation der Arbeitsleistung und zum Misserfolg des ganzen Unternehmen führen! Hierfür empfehlenswert ist die Durchführung von sog. Sondierungsgesprächen anstatt der traditionellen Vorstellungsgespräche. Mit einem Sondierungsgespräch können Menschen anhand der Lebenseinstellung beurteilt werden. Die Beurteilung der fachlichen Kompetenzen kann weitestgehend zum späteren Zeitpunkt erfolgen. Man soll sich immer vor Augen halten, dass eine mangelnde Passgenauigkeit der Mentalität eines potenziellen Mitarbeiters zum Unternehmen sich auf die Produktivität der bestehenden Mitarbeiter negativ auswirken kann. Die Einstellung eines Mitarbeiters mit dem falschen Mindset kann die vorzeitige Kündigung mit sich bringen, was wiederum die Personalkosten in die Höhe sprengt. Nicht nur der Mitarbeiter selbst, die Umgebung aber auch die Finanzen der Firma können darunter leiden. Es lohnt sich also Zeit in den Faktor Mensch zu investieren.

1.2.2 Wertekodex eines Menschen

Die Wertvorstellungen jedes einzelnen Menschen bestimmen die Gesamtheit der Gesellschaft. Sie beschreiben die Handlungsweise sowie alle Grundsätze, die wir vertreten und die uns wichtig sind. Sie können in verschiedene Kategorien klassifiziert werden: Grundwerte, materielle, postmaterielle, ideelle, christliche sowie persönliche Werte (Wolf 2022). Ein Wertekodex ist quasi eine Ansammlung der Verhaltensregeln und der persönlichen „Gesetze". Auch im Berufsleben treten diese Werte zum Vorschein und bestimmen, wie und warum der Mitarbeiter handelt. Die persönlichen Werte jedes Individuums können einen Einfluss auf die Arbeitsweise, die Arbeitseinstellung und dadurch auch auf das ganze Unternehmen haben.

1.2.3 Motivation

Rosenstiel hat in seinem Buch die vielfältigen Einflüsse auf das Verhalten von Menschen im Arbeitsumfeld in vier Gruppen kategorisiert, siehe Abb. 1.2 (Rosenstiel 2007, S. 57).

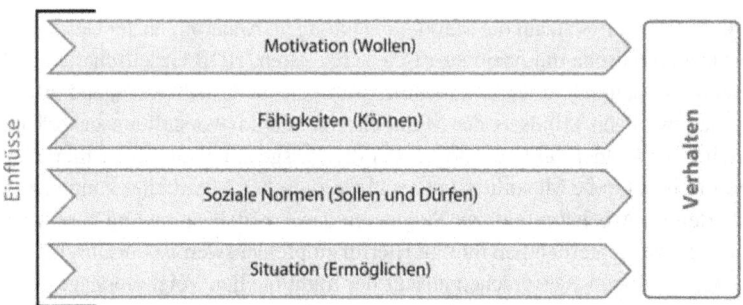

Abb. 1.2 Einflüsse auf Verhalten im Arbeitsumfeld (Becker 2018, S. 12)

Becker erläuterte in seinem Buch über die Mitarbeitermotivation und Organisationspsychologie ein gutes Beispiel zur Veranschaulichung dieses Bildes:

„Diese Aspekte nehmen direkten Einfluss auf das Verhalten von Mitarbeitern bei der Arbeit. So mag ein Mitarbeiter durchaus motiviert sein, einen ganzen Unternehmensbereich zu leiten (Motivation). Es fehlen ihm aber die dazu erforderlichen Erfahrungen und fachlichen Kompetenzen (Können). Zudem reagieren die anderen Mitarbeiter ablehnend auf sein Bestreben, wollen ihn nicht als Führungskraft akzeptieren (Dürfen) und seine familiäre Situation erlaubt nicht die damit verbundenen Arbeitszeiten und Reisetätigkeit (Ermöglichen). Weil ihm das alles bekannt ist, wird er sich nicht auf die Stelle bewerben. Aus diesem Verhalten alleine auf einen Mangel an Motivation zu schließen, wäre dann natürlich nicht zutreffend." (Becker 2018, S. 12)

Motivation ist somit einer der wichtigsten Einflussparameter auf das Verhalten von Mitarbeiter, aber nicht der einzige. In der Fachliteratur werden mehrere Definitionen vorgestellt. Edelmann fasste in seinem Artikel (Edelmann 2003) den Begriff „Motivation" als ein Zusammenspiel aus kognitiven, emotionalen und motivationalen Prozessen zusammen. Die einzelnen Aspekte erläuterte er folgendermaßen:

„Durch Kognitionen erlangt der Organismus Kenntnis von seiner Umwelt. Durch kognitive Prozesse (Wahrnehmung, Vorstellung, Denken, Sprache) wird Wissen erworben". (Edelmann 2003)

„Emotionen können entweder kurzzeitig andauernde Gefühlsregungen (Freude, Ärger, Mitleid, Abscheu) oder länger andauernde Stimmungen (Heiterkeit, Trauer, Missmut) sein". (Edelmann 2003)

„Motivationen sind aktivierende Prozesse. Personinterne Triebe oder das Interesse an einer Sache oder die Attraktivität von Personen oder Dingen können uns zu einer bestimmten Aktivität veranlassen". (Edelmann 2003)

Arten der Motivation

Deci und Ryan unterscheiden zwei Arten der Motivation: intrinsische und extrinsische Motivation. Intrinsische Motivation ist die Motivation aus einer Tätigkeit selbst. Diese wurde folgend definiert (Deci und Ryan 1985):

„Intrinsische Motivation für ein Verhalten stammt aus dem Erleben des Verhaltens selbst oder der Erwartung dieses Erlebens". (Becker und WPGS 2017)

Ist ein Mitarbeiter intrinsistich motiviert, widmet er sich seiner Tätigkeit, weil er diese als herausfordernd, interessant, spaß-voll und besonders sinnvoll empfindet. Hierbei spielen also äußere Einflüsse und Reize keine Rolle, die Motivation kommt aus einem selbst. Intrinsistisch motivierte Personen empfinden eine ehrliche Freude an der ausgeführten Aufgabe, welcher sie sich voller Leidenschaft widmen. Demgegenüber lautet die Definition der extrinsischen Motivation:

„Extrinsische Motivation für ein Verhalten stammt aus der Wirkung von Ergebnissen außerhalb des Verhaltens selbst oder der Erwartung dieser Wirkung. Diese Ergebnisse wirken dann als positive (Verstärkung) oder negative (Bestrafung) Anreize". (Edelmann 2003, S. 141)

Extrinsische Motivation entsteht durch äußere Faktoren und wird durch verschiedene Anreize von außen zum Ausdruck gebracht, etwa Reichtum, sozialer Status, Zugehörigkeit und Macht. Ein extrinsistisch motivierter Mitarbeiter möchte ein bestimmtes Ergebnis erreichen oder vermeiden, wodurch sein Verhalten instrumentell darauf ausgerichtet ist. Extrinsische Motivation eines Mitarbeiters lässt sich durch die zusätzliche Belohnungen, Anerkennung, finanzielle oder materielle Anreize, den Lob und klare Zielsetzungen erhöhen.

Welche zentrale Merkmale der Arbeitsaufgaben wirken sich positiv auf die intrinsische Motivation des Mitarbeiters aus?

Nach Christian, Garza und Slaughter (2011) gehören dazu u. a.:
- das Gefühl der Sinnhaftigkeit der Arbeitstätigkeit
- das Gefühl, für einen ganzheitlichen Aspekt verantwortlich und zuständig zu sein
- abwechslungsreiche Gestaltung der Arbeit
- Entscheidungsautonomie und großer Gestaltungsspielraum
- Veranschaulichung der Quantität und Qualität der eigenen Arbeitsleistung
- das Gefühl einer Herausforderung sowie Entfaltungsmöglichkeit

Welchen Einfluss auf die Arbeitsleistung die jeweiligen Arten der Motivation haben, ist aufgaben- und menschenbezogen und lässt sich somit pauschal nicht beantworten. Die Studien von Cerasoli, Nicklin und Ford (2014) zeigen, dass beide etwa den

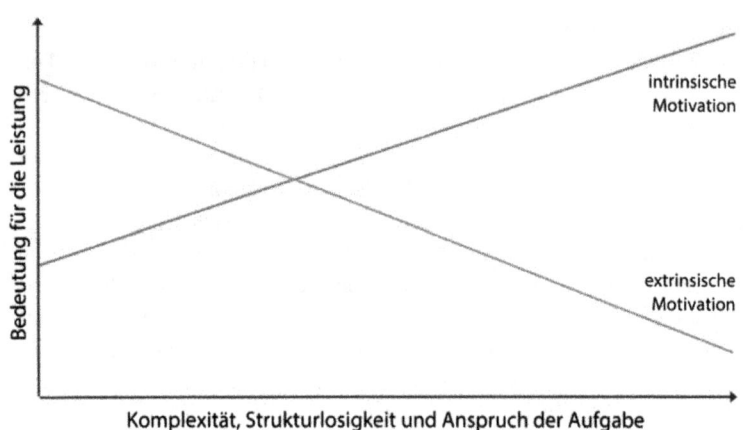

Abb. 1.3 Bedeutung von intrinsischer und extrinsischer Motivation bei verschiedenen Aufgaben (Becker 2018, S. 146)

gleichen Einfluss haben können. Diese Tatsache hängt stark mit der Komplexität, Struktur und dem Anspruch der Aufgabe zusammen und ist bei jedem Menschen weitestgehend individuell zu betrachten, siehe Abb. 1.3.

Die Wichtigkeit der individuellen Betrachtung jedes einzelnen Menschen wurde und wird in diesem Buch oftmals betont. Dieses Vorgehen soll ebenfalls bei verschiedensten Aspekten in der Gestaltung der optimalen Arbeitsumgebung unter Betracht gezogen werden. Rein statistisch betrachtet, steigt die Bedeutung der intrinsischen Motivation bei anspruchsvollen, interdisziplinären und komplexen Aufgaben mit einem großen Gestaltungsspielraum und viel Eigenverantwortung. Der Grund dafür ist, dass die erbrachte Leistung hier nur schwer erfassbar und messbar ist. Diese Art von Tätigkeiten nimmt aufgrund derzeitiger Marktentwicklungen und des gesellschaftlichen Wandels stark zu. Im Gegenteil weist die extrinsische Motivation höhere Bedeutung, umso einfacher und strukturierter die Aufgaben sind. Das liegt daran, dass die Erledigung der nicht komplexen Aufgaben sich relativ einfach definieren, messen und anreizbar machen lässt. Bei derartigen Tätigkeiten wird die Motivation mittels äußerer Einflüsse, wie z. B. finanzielle und materielle Anreize sowie Beförderung bevorzugt (Becker 2018, S. 146).

Das Zusammenspiel beider Arten wurde in mehreren Fachbücher ausführlich behandelt und diskutiert. Auch wenn es trivial klingen mag, empfinde ich es besonders wichtig, die Motivation der Kollegen nachvollziehen zu können. Bei intrinsisch motivierten Mitarbeitern sollte sich eine Führungskraft deshalb auf die Frage konzentrieren, welche Tätigkeiten für den jeweiligen Mitarbeiter von sich aus motivierend sind. Bei der Motivation eines extrinsisch motivierten Mitarbeiters sollten sich Führungskräfte eine vollkommen andere Vorgehensweise vornehmen. In diesem Buch stehen deshalb die folgenden Fragen im Vordergrund:

„Ist die Betrachtung eines Mitarbeiters als einen rein ökonomischen Akteur sinnvoll während des Paradigmenwechsels sowie des akuten Fachkräftemangels?"
Die derzeitigen Entwicklungen auf dem Arbeitsmarkt, die in Abschn. 2.2 ausführlich behandelt werden, fordern einen tiefgründigen Mentalitätswechsel im Arbeitsumfeld. Mitarbeiter der Zukunft arbeiten auf eine andere Art und Weise und haben aufgrund des akuten Fachkräftemangels einen größeren Entwicklungsspielraum als noch vor zwanzig oder dreizig Jahren. Dadurch zählen sie spätestens jetzt zu den wertvollsten Ressourcen des Unternehmens, was dazu führt, dass die Organisationen sich besonders bemühen müssen, die Mitarbeiter zu gewinnen und langfristig an das Unternehmen zu binden. Wer eine gut ausgebildete, hochmotivierte Arbeitskraft in seinem Team haben möchte, muss sich gegen zahlreiche Wettbewerber auf dem Arbeitnehmermarkt behaupten können. Die Metaanalysen von Judge et al. (2007) bestätigen, dass die Anreize, welche nicht rein finanzieller oder materieller Natur sind, eine besonders starke Auswirkung auf den Menschen haben. Analysieren wir nun die Stufen der maslowschen Bedürfnispyramide, kommen wir ebenfalls auf diese Schlussfolgerungen. Die untersten Stufen gehören zu den existenziellen Bedürfnissen, welche überlebenswichtig für das menschliche Wesen sind. Doch was passiert, wenn diese Bedürfnisse anhand der Arbeitsmarktentwicklungen beinah in jedem Unternehmen gesättigt werden können? Dann streben die Menschen nach einem höheren Ziel, bzw. in diesem Fall nach Erreichung der höheren Stufen und ins Spiel kommen die Bedürfnisse nach Selbstverwirklichung, Spaß an der Tätigkeit, Anerkennung, Lob usw. Wir leben also in den Zeiten, die eine ausgewogene Kombination der extrinsischen und intrinsischen Anreize erfordern. Um die oben gestellte Frage nun konkret zu beantworten: nein, die Betrachtung eines Mitarbeiters als einen rein ökonomischen Akteur ist bereits jetzt passé. Diese Tendenz zur Steigerung der intrinsischen Motivation wird meines Erachtens in den kommenden Jahren noch stark zunehmen. Die goldene Mitte für ein Unternehmen ist also, die individuelle Kombination beider Arten der Motivation bei jedem Mitarbeiter anzusprechen.

„Wie können die beiden Ansätze miteinander kombiniert werden, um den langfristigen Unternehmenserfolg zu garantieren?"
Die Motivation der Mitarbeiter mittels finanzieller und materieller Anreize stellt eine essenzielle Grundlage im Rahmen der Erbringung von Arbeitsleistung dar.

Schließlich wollen Menschen für ihre Arbeit fair und ordentlich bezahlt werden. Nehmen wir wieder den Bezug auf die maslowsche Bedürfnispyramide, so gehören die Sicherheitsbedürfnisse eines Menschen, u. a. auch die finanzielle Sicherheit, zu der zweiten Stufe und spielen somit eine wichtige Rolle für die Existenzgrundlage. Je nach Art und Ausprägung der individuellen Bedürfnisse eines Menschen können sie auch als ein Mittel zur Selbstverwirklichung und zur Steigerung des Prestiges gesehen werden. Eine extrinsische Motivation ist deshalb ein wichtiger Faktor zur Sicherung der Arbeitskräfte und muss im Kampf um die Talente berücksichtigt werden. Durch die breite Verfügbarkeit der ansprechenden und verlockenden Positionen auf dem Arbeitnehmermarkt ist die Vergütung jedoch nur eine von vielen Variablen. Arbeitgeber sollen zur Sicherung des Unternehmenserfolgs, sowohl die intrinsische als auch extrinsische Motivation der Mitarbeiter ansprechen. Die finanzielle Vergütung stellt eine Basis zur Erbringung der Arbeitsleistung dar, welche mittels der individuellen Entwicklungsmöglichkeiten sowie der Zugehörigkeit anhand der Unternehmensvision und -kultur ergänzt werden soll. Aus diesem Grund ist die Entwicklung von Grundsätzen, wie z. B. Mission, Vision und Guiding Principles zur Förderung der intrinsischen Motivation für eine menschenzentrierte Unternehmensstrategie signifikant. Die intrinsische Motivation der Mitarbeiter kann durch die Identifizierung mit den Firmenwerten angesprochen werden. Cerasoli, Nicklin und Ford (2014) beschreiben außerdem die extrinsische Motivation als einen zusätzlichen Motivationsschub. Laut den Autoren bildet die extrinsische Motivation eine wunderbare Ergänzung der intrinsischen Motivation ab.

1.2.4   Kommunikationsstile und Persönlichkeitstypen

Ein Kommunikationsstil ist die Art und Weise, wie man mit anderen Mitmenschen in Kontakt tritt, spricht oder agiert. Jeder Kommunikationsstil ist ein Gebilde aus bestimmten inneren Verfassungen, zu den Gefühle, Stimmungen und Absichten gehören. Jeder Mensch vereint in sich mehrere oder alle Kommunikationsstile. Schulz von Thun (2022) beschreibt in seinem Buch acht Kommunikationsstile:

- Der bedürftig-abhängige Stil. Er zielt darauf ab, sich als hilflos und überfordert darzustellen. Mit diesem Stil wird anderen vermittelt, dass sie einem helfen, entscheiden und verantworten müssen.
- Der helfende Stil. Menschen, bei denen dieser Kommunikationsstil stark ausgeprägt ist, sind geduldige Zuhörer und Ratgeber. Sie sind jederzeit bereit, sich für die Hilflosen und Schwachen einzusetzen, nicht selten über die eigene Erschöpfungsgrenze hinaus.

- Der selbst-lose Stil beinhaltet, ähnlich dem helfenden Stil, hilfsbereite Muster. Hierbei ist jedoch die seelische Dynamik eine andere. Charakteristisch ist die Überzeugung von der eigenen Bedeutungs- und Wertlosigkeit, die nur durch den Einsatz für andere kompensiert werden kann.
- Der aggresiv-entwertende Stil. Charakteristisch für diesen Stil ist, dass die Anderen als fehlerhaft, erbärmlich und schändlich empfunden werden und dementsprechend herabsetzend und entwertend behandelt werden.
- Der sich beweisende Stil. Die Selbstwertsicherung erfolgt hier durch eine besondere Anstrengung, uns selbst in das gute Licht zu setzen und somit stets die Kompetenz und eigene Eignung zu betonen.
- Der bestimmende-kontrollierende Stil. Unter dem Einfluss dieser Strömung neigen wir dazu, die Situation so zu lenken und zu korrigieren, dass sie kontinuierlich unter unserer Kontrolle liegt.
- Der sich distanzierende Stil. Wenn wir von dieser Strömung erfasst sind, dürfen uns die Mitmenschen, sowohl seelisch als auch physisch, nicht zu nahe kommen.
- Der mitteilungsfreudig-dramatisierende Stil. Unter dem Einfluss dieser Strömung sind wir außerordentlich mitteilungsfreudig.

Die Thematik der Persönlichkeitstypen wurde bereits in mehreren soziopsychologischen Analysen erörtert. Mehrere Autoren, Psychologen und Wissenschaftler beschreiben in ihren Werken diverse Ansätze zur Beurteilung der Persönlichkeitstypen. Friedmann (2013) stellt in seinem Buch die drei Grundtypen der Persönlichkeit und ihre Lebensstrategien vor. Der Autor betrachtet hierbei das innere eines Menschen und nicht sein Verhalten.

Jedoch die wohl berühmteste Klassifizierung der Persönlichkeitstypen wurde durch Wissenschaftler der McCormick School of Engineering in der USA durchgeführt. Sie haben mittels einer Online-Umfrage 1,5 Mio. Menschen nach ihren Verhaltensmustern gefragt und dabei die fünf typischen Charaktereigenschaften erkannt, die in der Psychologie auch als Big Five bekannt sind (Leitner 2023):

- Neurotizismus (emotionale Instabilität, Verletzlichkeit),
- Extraversion (Geselligkeit),
- Offenheit (Aufgeschlossenheit),
- Verträglichkeit (Empathie, Kooperationsbereitschaft)
- Gewissenhaftigkeit (Perfektionismus)

Das Individuum jedes Menschen wird u. a. durch das bunte Gemisch seiner Kommunikationsstile, sowie anhand verschiedener Charaktereigenschaften zum Ausdruck gebracht. Auch wenn nicht jede dieser Eigenschaften in den anderen Augen als positiv bewertet wird, bildet sie einen Bestandteil der Persönlichkeit. „Der Weg zur Humanität wird nicht in weißen Westen zurückgelegt, sondern verlangt die Selbsterkenntnis ungeliebter Anteile, deren Annahme und Integration." (Schulz von Thun 2022, S. 135)

Zur Etablierung einer menschenzentrierten Unternehmensstrategie ist es stets von Bedeutung, die Mitmenschen als individuelle Wesen zu betrachten: angefangen in einem Bewerbungsprozess bis hin zur Entwicklung der Teambuildingsmaßnahmen zur Erreichung einer integrativen und zusammenwirkenden Einheit des Unternehmens. Hierfür können u. a. vielfaltige Ansätze durch die Führungskräfte entwickelt und integriert werden, die die Unternehmenskommunikation stärken und somit die Fachkräfte im Unternehmen langfristig sichern. Natürlich ist es nicht möglich, jedem Wunsch der Mitarbeiter nachzugehen sowie jede Charaktereigenschaft zu berücksichtigen, aber auch eine komplette Ignoranz dieser Faktoren kann in den turbulenten Zeiten keine Basis für die Unternehmensgestaltung sein.

Zusammenfassung

Unternehmen erkennen zunehmend, dass Mitarbeiter nicht nur Arbeitskräfte sind, sondern dass ihre Meinungen, Werte und Interaktionen einen bedeutenden Einfluss auf die Unternehmenskultur und -leistung haben. Dafür müssen archaische Strukturen wie Schubladendenken, Stereotypen und Vorurteile abgebaut werden. Jeder Einzelne in der Organisation spielt eine entscheidende Rolle. Globaler Paradigmenwechsel wird durch verschiedene äußere Faktoren getrieben, darunter demografische Veränderungen, der Wandel zum Arbeitnehmermarkt und gesellschaftliche Veränderungen. Unternehmen müssen neue Wege finden, lösungsorientierte und motivierte Mitarbeiter anzuziehen. Durch den Wandel zum Arbeitnehmermarkt, haben Mitarbeiter mehr Auswahlmöglichkeiten und können Unternehmen nach ihren Präferenzen auswählen. Dies erfordert von den Unternehmen, dass sie sich als attraktiver Arbeitgeber positionieren, der die Bedürfnisse und Werte seiner Mitarbeiter erkennt und respektiert. Schließlich führt der gesellschaftliche Wandel zu einer erhöhten Sensibilität für soziale Fragen und verändert die Erwartungen der Mitarbeiter. Themen wie Diversität und Inklusion, Work-Life-Balance und soziale Verantwortung sind für Unternehmen nicht mehr optional, sondern entscheidend, um Talente anzuziehen und zu halten.

2.1 Interne Einflüsse: Mensch im Unternehmen

Die Interaktion der Menschen miteinander prägt die Unternehmenskultur und -entwicklung. Denn ohne Menschen gibt es keine Unternehmen. Aus diesem Grund beschäftigt sich Abschn. 2.1 mit dieser Thematik.

© Der/die Autor(en), exklusiv lizenziert an Springer   15
Fachmedien Wiesbaden GmbH, ein Teil von Springer Nature 2023
D. Lothary, *Menschenzentrierte Unternehmensstrategie*, essentials,
https://doi.org/10.1007/978-3-658-41846-5_2

2.1.1   Schubladendenken, Stereotypen und Vorurteile

Schubladendenken als ein Instrument zur Einordnung der Welt

Die Komplexität und stetige Veränderung der Welt, in der wir leben, sowie das Tempo des technologischen Fortschritts überfordern das menschliche Gehirn. Um die Komplexität zu bewältigen und die Welt zu ordnen, bilden wir Kategorien oder Schubladen, in die wir Neues einsortieren. In Schubladen zu denken, führt also auch zur Reduktion des Informationsflusses und hilft dabei, die Komplexitäts- und Informationslast zu reduzieren. Intensive wissenschaftliche Recherche an der Ruhr-Universität Bochum in Deutschland, durchgeführt durch Prof. Dr. Boris Suchan (Abteilung für Neuropsychologie) und Prof. Dr. Onur Güntürkün (Abteilung für Biopsychologie) führten zu Erkenntnissen darüber, welche Bereiche im Gehirn die Strategien der Einordnung der Welt mittels Schubladendenken steuern. Die Ergebnisse der Untersuchungen mithilfe der Magnetresonanztomographie deuten darauf hin, dass es tatsächlich Gehirnareale gibt, die besonders aktiv sind, wenn eine bestimmte Kategorisierungsstrategie angewendet wird (Lech et al. 2016).

Seit unserer Kindheit lernen wir, uns einen schnellen Überblick über die Situation und unsere Umgebung zu verschaffen. Wir verinnerlichen Unterschiede zwischen Hautfarben, Geschlechter und Alter. Auch die Herstellung der Zusammenhänge zwischen verschiedenen Gruppen von Menschen und deren Verhalten lernen wir bereits in jungen Jahren. Diese Zuordnung der Welt ist praktisch, weil es hilft, einen Überblick zu generieren. Erfolgt diese Art der Kategorisierung der Welt jedoch ohne Prüfung der Tatsachen, führt das leider nicht selten zur Entwicklung eines falschen Bildes über Menschen sowie zur Entstehung von Vorurteilen. Ein Vorurteil wird oft als "eine ohne Prüfung der objektiven Tatsachen voreilig gefasste oder übernommene, meist von feindseligen Gefühlen gegen jemanden oder etwas geprägte Meinung", definiert (Duden 2023). Werden die Vorurteile über eine bestimmte Gruppe von Menschen schematisiert, entstehen oft Stereotypen.

Der Begriff „Stereotyp" wurde durch den amerikanischen Journalisten Walter Lippmann als: „verfestigte, schematische, objektiv weitgehend unrichtige kognitive Formeln, die zentral entscheidungserleichternde Funktion in Prozessen der Um- und Mitweltbewältigung haben" definiert (Lippmann 1922; Bergler und Six 1972).

Wenn man andere Menschen anhand von Vorurteilen und Stereotypen in eine Schublade steckt, wird die eigene Betrachtungsweise Menschen als Individuum allerdings sehr eingeschränkt. Was als harmlose Vereinfachung beginnt, endet manchmal als gnadenlose und subjektive Verallgemeinerung. Leider ist dieses Vorgehen im Berufsleben nach wie vor sehr präsent. Die meisten Stereotypen im Berufsleben beziehen sich auf das Geschlecht, Herkunft, Aussehen, Kleidung, Länder und Namen.

Während Männer mit den Begriffen Macht, Stärke und Durchsetzungsvermögen assoziiert werden, werden Frauen mit Emotionalität, Sensibilität und Einfühlungsvermögen beschrieben. Das Problem bei solchen Stereotypen ist vor allem, wenn eine Person ihrer zugeschriebenen Rolle nicht entspricht. Zeigt eine Frau etwa nicht das erwartete Einfühlungsvermögen, wird sie automatisch als Rebellin empfunden. Ist sie wiederum durchsetzungsstark und beharrlich, wird sie in die Schublade „dominant" einsortiert. Zeichnet sie sich durch Selbstsicherheit aus, wird sie oft als „arrogant" eingestuft. Was bei einem Mann als meinungsstark empfunden wird, wird einer Frau als zickig ausgelegt. Das gleiche Schema kann umgedreht werden. Trifft man auf einen einfühlsamen und sensiblen Mann, so wird er oft als „schwach" bezeichnet. Vorurteile und Stereotype sind meist negativ und können das Verhalten gegenüber anderen Menschen stark beeinflussen. Sie können die Erwartungshaltung an den Menschen signifikant verändern. Das kann sowohl gefährlich als auch verletzend für die Mitmenschen sein.

„Negative Vorurteile, die in großem Maßstab in einer Gesellschaft vorkommen, können zu Spannungen zwischen einzelnen Gruppen führen. Oder dazu, dass manche Gruppen aufgrund ihrer Herkunft, Hautfarbe oder Religion benachteiligt oder ungleich behandelt werden. Wir nennen das Diskriminierung". (Frank 2023)

Die Auswirkungen können schwerwiegend werden und dürfen sowohl im Privat- als auch im Berufsleben nicht vernachlässigt werden: von einem Gefühl des sozialen Abstoßes bis hin zu Depressionen (Mai 2022). Im beruflichen Umfeld entstehen Spannungen, die im Arbeitsalltag negative Auswirkungen haben können. Oft beobachtet wird die Entwicklung der Atmosphäre von Neid und Missgunst oder Produktivitätssenkung. In einem Unternehmen, welches durch Stereotypen und Vorurteile geprägt ist, entsteht eine Kultur der Beschuldigten anstatt einer Wahrnehmung von Chancen (Warkentin 2022).

Den Vorurteilen und Stereotypen mittels einer Unternehmensstrategie entgegenwirken
Soziale Vorurteile und Stereotypen können überwunden und deren Auswirkungen gemildert werden. Anhand einer Literaturrecherche und meiner eigener Überlegungen gibt es folgende Möglichkeiten, die dabei helfen können:

- Offenheit fordern. Es ist wichtig, jedem Mitarbeiter zu vermitteln, dass seine Meinung zählt. Deshalb sollen zahlreiche Teamevents und interne Gespräche, wie Jour-fixe, in jedem Unternehmen etabliert werden. Die Durchführung zahlreicher Maßnahmen zur Steigerung der Mitarbeiterzufriedenheit sowie zur Teambildung soll deshalb ein Standbein einer erfolgreichen Unternehmensstrategie sein.
- Kreativität steigern und Perspektive ändern. Zur bildlichen Veranschaulichung der Auswirkungen des Perspektivenwechsels kann eine Einstein-Rosen-Brücke helfen: Zeichnen Sie zwei Punkte auf einen Zettel und stellen sich folgende Frage: Was ist der kürzeste Weg von einem Punkt zum anderen. In den meisten Fällen wird eine Gerade gezeichnet, was in einem zweidimensionalen Raum eine korrekte Lösung darstellt. Knicken wir jedoch den Zettel genau in der Mitte zwischen den zwei Punkten, ergibt sich eine völlig neue, dreidimensionale Perspektive und somit eine andere Alternativlösung: der kürzeste Weg zwischen den Punkten ist der Abstand zwischen den gefalteten Zetteln. Es kommt immer auf die Perspektive an! Zahlreiche Methoden zur Steigerung der Kreativität können hierfür benutzt werden, u. a. Story Telling. Um dies zu erreichen, können in einer Unternehmensstrategie kreative Workshops und Events fest verankert werden.
- Den partizipativen Prozess in einer Unternehmensstrategie etablieren. Gespräche führen, um zwischenmenschliche Interaktionen zu stärken und die Vorurteile oder Stereotype frühzeitig zu identifizieren. Den Prozess der Entscheidungsfindung in Gremien oder mittels Brainstorming erarbeiten. Das Miteinbeziehen aller relevanten Abteilungen der Firma in die Entscheidungsfindung führt zu einem Austausch zwischen Beteiligten. Dies wiederum stärkt das Gefühl, dass man seine Meinung jederzeit äußern kann und mildert das Gefühl der Isolation bei Betroffenen.
- Kulturelles Bewusstsein stärken. Dazu können die negativen Folgen von Klischees und Stereotypen anhand konkreter Szenarien in den Jahresgesprächen oder innerhalb eines monthly-Meetings deutlich gemacht werden. Das Ziel ist es, das Sachverhalten der Menschen zu hinterfragen und offen zu diskutieren (Richeson und Nussbaum 2004).
- Klare und transparente Mitteilung über die Motivation des Handels fordern. Dies kann mittels klarer Festlegung der Agenda bei jeder Veranstaltung erfolgen oder durch das Hinterfragen der Ziele einer Besprechung.
- Das Gegenteil in Betracht ziehen und dadurch die Objektivität im Unternehmen fordern. Werden wir mit einem Vorurteil konfrontiert, sollten wir jeweils das Gegenteil in Betracht ziehen (Lord et al. 1984).

2.1.2   Ebenen der Kommunikation

Der im 1944 geborene deutsche Psychologe Friedmann Schulz von Thun entwickelte in seiner Tätigkeit als Autor und Professor eine Kommunikationstheorie, die sich unter dem Namen „Vier-Ohren-Modell" etablierte. Dieses Modell nimmt an, dass jede Äußerung eines Menschen auf vier verschiedene Arten und Weisen interpretiert werden kann. Einerseits beinhaltet also jede gesendete Nachricht vier unterschiedliche Informationen. Andererseits kann diese gesendete Nachricht unterschiedlich empfangen und diese auf vier verschiedene Wege interpretiert werden. Dadurch entstehen u. a. im Berufsleben diverse Missverständnisse. Die "vier Ohren" sind im Modell (Franke 2022):

- Das „blaue" Ohr bezieht sich auf die Sachebene. Es nimmt die geäußerten Daten und Fakten objektiv auf.
- Das „grüne" Ohr spiegelt die Ebene der Selbstoffenbarung wider. Das Gesagte wird hier als eine persönliche Botschaft des Senders aufgefasst.
- Das „gelbe" Ohr beschreibt die Beziehungsebene. Das Gesagte wird abhängig von der Beziehung zwischen dem Sender und dem Empfänger interpretiert.
- Das „rote" Ohr ist ein Appell, welches die Aussage des Senders als Aufforderung annimmt.

Der Sender und der Empfänger können sich also auf verschiedenen Ebenen beziehungsweise „Ohren" bewegen. Während der Sender vielleicht eine reine Sachinformation weitergibt, interpretiert der Empfänger diese als Aufforderung. Die Relevanz der Thematik zur gezielten Etablierung einer menschenzentrierten Unternehmensstrategie basiert an der Sicherstellung, dass sowohl der Sender als auch der Empfänger auf der gleichen Ebene kommunizieren. Zur einer ergebnisorientierten Kommunikation kann somit jeder Mitarbeiter beitragen, indem er die Nachricht mit allen vier Ohren analysiert. Der Sender kann den Fokus seiner Kommunikation auf Transparenz sowie klare und eindeutige Aussagen legen, welche sich nur einer Ebene zuordnen lassen. Das Modell hilft jedem Menschen, ein Gespräch zu analysieren, Mitmenschen besser zu verstehen und die wichtigsten Punkte der Konversation auszufiltern.

2.1.3   Auswirkungen des Handels auf das Unternehmen

Das Handeln eines Mitarbeiters beeinflusst das ganze Unternehmen und ist mit zahlreichen Auswirkungen verbunden. Zu dem erwünschten Verhalten eines Mitarbeiters gehört vor allem die Erbringung der Arbeitsleistung. Diese ist ein Bestandteil der vertraglichen Bindung mit einem Unternehmen. Dabei wichtig ist, die Erhaltung der „beruflichen Homöostase", also eines Zustandes des Gleichgewichts. Das Gefühl des Gleichgewichts spielt eine wichtige Rolle und wirkt sich auf die Motivation des Mitarbeiters aus. Zu wenig Anerkennung für die erbrachten Leistungen, unpassende Vergütung und viele andere, individuelle Faktoren, die insgesamt zur Unzufriedenheit führen, können eine negative Auswirkung auf das ganze Unternehmen nehmen. Einige davon können die Stagnation der Arbeitsleistung, Fluktuation oder Fehlzeiten sein. Ein gewisses Maß an der Selbständigkeit bei der Arbeit oder Verantwortungsübernahme können ebenfalls als ein erwünschtes Verhalten in den meisten Unternehmen kategorisiert werden. In den menschenzentrierten Unternehmen wird oft eine hervorragende Zusammenarbeit zwischen einzelnen Menschen oder Abteilungen beobachtet, die Informationen sind offen und ehrlich geteilt und durch das angenehme Arbeitsklima entsteht eine langfristige Bindung an die Organisation. Die Menschen können in so einem Unternehmen in die Entwicklung eigener Kompetenzen investieren, wodurch sie gerne am Arbeitsplatz erscheinen, sich positiv über das Unternehmen äußern, flexibel auf die Bedürfnisse anderer Mitarbeiter reagieren und gerne zum Unternehmenserfolg beitragen. Dies ist jedoch eine Idealvorstellung eines Unternehmens, die in der Realität nur schwierig zu erreichen ist. Aufgrund der allgemein herrschenden Unzufriedenheit der Mitarbeiter, geprägt durch zahlreiche Ereignisse, kann auch unerwünschtes Verhalten beobachtet werden, das sich u. a. durch den mangelnden Informationsfluss, Cherry picking, Vetternwirtschaft, Diskriminierung, Vandalismus, Diebstahl, Geheimnisverrat, Verbreiten von Gerüchten oder Austragen von Konflikten am Arbeitsplatz äußert (Becker 2018, S. 10). Diese Auswirkungen werden in der Abb. 2.1 präsentiert.

Die Betrachtung eines Menschen als Individuum ist sehr wichtig. Denn nur dann, wenn ein Mitarbeiter mit seinem Individualismus zu einer Gruppe, z. B. Team, Abteilung oder Führungsebene passt, führt es zur Erreichung des erwünschten Verhaltens für das ganze Unternehmen. Eigentlich ist das unerwünschte Verhalten ein Indikator dafür, dass es viele Probleme im Unternehmen gibt. Diese können den Ursprung u. a. im falschen Führungsstil, in der unzureichenden oder auch falschen Kommunikation oder in der unpassenden Unternehmensstrategie haben.

Data source: Prof. Dr. Florian Becker

Unerwünschtes Verhalten		Erwünschtes Verhalten
Fluktuation und Fehlzeiten		Arbeitsleistung
Negative Kommunikationsstile		Selbständigkeit bei der Arbeit
Unerwünschtes, arbeitsfremdes Verhalten		Verantwortungsübernahme
Austragen von Konflikten am Arbeitsplatz, Mobbing, Beleidigung und sexuelle Belästigung		Zusammenarbeit, Kooperation und Teilen von Informationen
Vandalismus und Diebstahl		Aktive Beteiligung an dem Unternehmenserfolg
Verbreiten von Gerüchten		Flexibilität und Anpassungsfähigkeit
Geheimnisverrat		Entwicklung der eigenen Kompetenzen
Verschwendung von Ressourcen		langfristige Bindung an die Organisation
Diskriminierung		Erscheinen am Arbeitsplatz
Vetternwirtschaft		Unternehmerisches Denken
Mangelnder Informationsfluss		Positive Äußerungen über das Unternehmen
Cherry picking		Angemessenes Erscheinungsbild und Verhalten

Abb. 2.1 Erwünschtes und unerwünschtes Verhalten bei Mitarbeitern. (Quelle der meisten Texte: Becker 2018, S. 10)

2.2 Soziokulturelle Faktoren

Unter soziokulturellen Faktoren wird „ein Bündel von Eigenarten des Zusammenlebens von Menschen in Gemeinschaften, vor allem mit den Aspekten der sozialen Struktur, sozialen Verhaltens, der sozialen und kulturellen Einstellung und Wertvorstellungen" verstanden (Pflanz 1973).

2.2.1 Demografische Änderungen

Laut Pach u. a. bezeichnet der Begriff „Demografischer Wandel" die Struktur und Entwicklung der Bevölkerung unter Berücksichtigung von Altersstruktur, Geburtenzahlen und Sterbefällen, die durch Naturkatastrophen, Kriege, Veränderungen der Geburtenrate und ständiger Verbesserung der Gesundheitsversorgung bedingt ist (Pach et al. 2000).

„Die sinkende Zahl der Menschen im jüngeren Alter und die gleichzeitig steigende Zahl älterer Menschen verschieben den demografischen Rahmen in bisher nicht gekannter Art und Weise. Jede zweite Person in Deutschland ist heute älter als 45 und jede fünfte Person älter als 66 Jahre. Andererseits hat sich die Bevölkerung im letzten Jahrzehnt durch mehr Zuwanderung und Geburten etwas „verjüngt". So kamen seit 2010 stets mehr Menschen nach Deutschland als aus Deutschland wegzogen sind. Der Wanderungsüberschuss war besonders bei den Menschen im jüngeren und mittleren Alter deutlich. Auch die Geburtenzahlen sind ab 2012 nach einem langjährigen Rückgang gestiegen. Zwischen 2012 und 2021 kamen infolgedessen insgesamt 656 000 Kinder mehr zur Welt als im Jahrzehnt zuvor. Dies entspricht fast der Geburtenzahl des gesamten Jahres 2011 (663 000). Ein Vergleich des Altersaufbaus im Jahr 2021 mit dem Jahr der deutschen Vereinigung 1990 zeigt das Voranschreiten des demografischen Wandels sehr anschaulich. Die stark besetzten Jahrgänge von 1955 bis 1970, die zur sogenannten Babyboom-Generation gehören, bildeten im Jahr 1990 als 20- bis 35-Jährige die größte Altersgruppe. Das sind sie auch heute noch, sie sind aber in das höhere Erwerbsalter gekommen und werden in den nächsten zwei Jahrzehnten aus dem Erwerbsalter ausscheiden. Die Anzahl der Personen im Alter ab 70 Jahren ist zwischen 1990 und 2021 von 8 auf 13 Mio. gestiegen. Bei den höheren Altersklassen wird deutlich, dass mittlerweile nicht nur Frauen, sondern auch Männer ein höheres Lebensalter erreichen. Diese als schleichend empfundenen Prozesse werden sich in naher Zukunft deutlich beschleunigen. Insbesondere wird die Zahl der Menschen im hohen Alter ab 80 Jahre beständig steigen." (Statistisches Bundesamt (Destatis) 2023)

2.2.2 Wandel zum Arbeitnehmermarkt

Zahlreiche Statistiken, Studien und wirtschaftliche Artikeln z. B. von Scheele (2022), Onderka (2022) oder Hirtler (2023) bestätigen, dass der Arbeitsmarkt sich zu einem Arbeitnehmermarkt gewandelt hat. Anhand dieser Veränderung, bedingt durch den demografischen Wandel und den Paradigmenwechsel der Arbeitswelt, können sich die Bewerber das für sie passende Unternehmen aussuchen. Das führt dazu, dass Unternehmen gezwungen sind, sich zu überlegen, was sie potenziellen Arbeitnehmern anbieten müssen, um das Fachpersonal zu gewinnen und somit im Wettbewerb mit anderen Firmen konkurrenzfähig zu sein. „Die Sicherung der Fachkräfte ist das entscheidende Zukunftsthema, an dem niemand vorbeikommt." (Scheele (2022). Laut der Studie „Arbeitslandschaft 2040" verbreitet sich der Mangel an Arbeitskräften in Deutschland bereits seit Jahrzehnten. Die damaligen Prognosen gingen von 1,8 Mio. fehlenden Arbeitskräften bis zum Jahr 2020 aus (Brossardt 2015). Die Differenz zwischen den austretenden und eintretenden Arbeitskräften soll bis 2040 einen Betrag von 8,7 Mio. erreichen (Scheele 2022). Weitere Faktoren, wie der Mentalitätswechsel, Globalisierung, Steigerung der Komplexität im beruflichen Umfeld, Interdisziplinarität der Aufgaben und der Druck der Erhöhung der Qualifikationen verstärken ebenfalls die Entwicklung des Arbeitsmarktes zu einem Arbeitnehmermarkt.

2.2.3 Gesellschaftlicher Wandel und Marktentwicklungen

Die zentrale Erkenntnis der Studie „Arbeitslandschaft 2040" (Brossardt 2015) beschreibt den Wandel der Arbeitswelt und somit der Arbeitsnachfrage hin zu wissensintensiven Tätigkeiten und daraus resultierenden Bedarf der kontinuierlichen Erhöhung der Qualifikationen der Mitarbeiter. Bühl (2000) bezeichnet in seinem Werk die sozialen und gesellschaftlichen Veränderungen als den Umbruch des Wertschöpfungssystems. Laut den Autoren werden die bisherigen replikativen und industriellen Tätigkeiten nach und nach durch Informationen und Wissen in der Wertschöpfungskette ersetzt. Die damaligen Erkenntnisse wiesen auf die Erhöhung des Bedarfes an Tätigkeiten, wie Aufbereiten, Analysieren und Verarbeiten der Informationen, hin. Der technologische Fortschritt prägt die Art der Arbeit und führt zur Steigerung der Komplexität und Interdisziplinarität der Arbeitsaufgaben. Die Globalisierung und Digitalisierung wird mit fortschreitender Geschwindigkeit auch im Arbeitsumfeld beobachtet. Gute Beispiele dafür sind die mobile Arbeitsweise „Home Office" sowie die Steigerung der digitalen Kommunikation. Die Meetings werden online gehalten, interaktive Tätigkeiten können ebenfalls Online stattfinden und die Nachfrage an die derartigen Tools ist immer größer. Strasser und Kleiner (2000) nehmen in diesem Kontext Bezug auf die Worte von Heraklit: „Alles fließt". Zahlreiche Veränderungen des sozialen Benehmens in der Arbeitswelt prägen das System der Zukunft. Neben den wirtschaftlichen und technologischen Faktoren rücken soziokulturelle Faktoren, wie z. B. der Mentalitätswechsel stärker in den Mittelpunkt. Diese sind meistens durch Marktentwicklungen, Globalisierung und Digitalisierung der Welt geprägt. Ein gutes Beispiel dafür sind die Auswirkungen der Klimakrise auf das Arbeitsumfeld. Durch die Erhöhung des Umweltbewusstseins und die fortschreitende Klimakrise wurden bereits zahlreiche Gesetze ins Leben gerufen, welche als Treiber der Innovationen dienen sollen und dadurch zahlreiche Marktveränderungen hervorrufen. So traten z. B. das Kreislaufwirtschaftsgesetz sowie das Bundes-Klimaschutzgesetz in Kraft. Die Einführung neuer Gesetze als eine Reaktion auf die drohende Klimakrise beschleunigt die Marktentwicklungen signifikant. Diese Situation beschreibt eine multidirektionale und interdisziplinäre Wechselwirkung zwischen den Marktentwicklungen, der Gesetzesgebung sowie den ökologischen und soziokulturellen Faktoren. Dadurch etablierte sich auf dem Markt das kooperative Geschäftsmodell, welches die Kooperation der einzelnen Wirtschaftsakteure steigert und somit zur Marktkonsolidierung führt. Der Markt der individuellen Kundenwünsche bleibt davon ebenfalls nicht unberührt, was die Steigerung der Kustomisierung mit sich bringt.

Unternehmensstrategie neu definiert

3

Zusammenfassung

In diesem Kapitel wird untersucht, wie die Art der Arbeit sich weiterentwickelt hat und welche Auswirkungen dies auf die Unternehmensstrategie hat. Es legt nahe, dass man sich auf flexiblere, vielfältigere und dynamischere Arbeitsbedingungen einstellen muss, um Unternehmensziele zu erreichen. Weiterhin stellt dieses Kapitel die Erwartungen und Bedürfnisse der zukünftigen Mitarbeiter sowie Herausforderungen der modernen Leadership dar und betont den Wert von Einbeziehung, beruflicher Entwicklung und Work-Life-Balance. Es unterstreicht, wie eine menschenzentrierte Unternehmensstrategie dabei helfen kann, diese Bedürfnisse zu erfüllen. Das abschließende Kapitel befasst sich ebenfalls vertieft mit der Etablierung einer menschenzentrierten Unternehmensstrategie. Es betont, dass dies ein partizipativer Prozess sein soll, bei dem alle Stakeholder in Entscheidungen, einbezogen werden. Es bietet konkrete Schritte zur Entwicklung und Implementierung einer solchen Strategie.

3.1 Paradigmenwechsel der Unternehmensgestaltung

Unter Berücksichtigung der grob skizzierten humanistischen Psychologie in Kap. 1 und des in Kap. 2 beschriebenen Paradigmenwechsels lässt sich die Tendenz der Entwicklung des Arbeitsumfeldes und Arbeitsstils bestimmen. Die Kombination dieser Faktoren fließt in die erfolgreiche Gestaltung und Entwicklung eines Unternehmens, die durch ein Konzept der menschenzentrierten Unternehmensstrategie in Abschn. 3.2 zum Ausdruck gebracht wird.

3.1.1 Unternehmensorganisation im Wandel

Der Paradigmenwechsel wird zunehmend ebenfalls in der Organisationsstruktur beobachtet. Die Organisationsstrukturen vieler Unternehmen werden an verändernde Rahmenbedingungen wie neue Technologien und liberalisierte Marktmechanismen angepasst. Die bisher gut bekannten und weit verbreiteten Organisationsstrukturen sind meistens stark hierarchisch geprägt. Anhand des globalen Paradigmenwechsels werden auch diese Modelle hin zu einer agileren Arbeitsweise tendieren (Shokoya 2012). Shokoya und Häusling (2012) nennt und beschreibt acht wesentliche Treiber für Agilität. Zu diesen gehören: technologischer Wandel und Digitalisierung, steigende Dynamik und Komplexität, Kundenverhalten, hohe Wettbewerbsintensität, Bürokratie und geringer Output, Fachkräftemangel/demografische Entwicklungen, Wertewandel und Individualisierung. Diese Treiber wurden bereits in vergangenen Kapiteln ausführlich beschrieben. Diehl (2019) beschreibt in seinem Artikel die Agilität als „eine hohe Kunst, mit Dynamik und Komplexität umzugehen". Die Steigerung der Agilität in einem Unternehmen und dadurch auch die Veränderung der Unternehmensorganisation erhöht das Potenzial, schneller als der Wettbewerb auf neue Anforderungen zu reagieren und befähigt eine Organisation unter (hoher) Unsicherheit zu arbeiten. Die Arbeit eines agilen Unternehmens wird dezentral in einem Netzwerk von interdisziplinären Teams organisiert, was im Endeffekt als eine Antwort auf die zunehmende Dynamik und Komplexität gesehen werden kann (Diehl 2019).

3.1.2 Personal der Zukunft

Die Arbeitswelt verändert sich signifikant. Eine der Kernfragen bei der erfolgreichen Gestaltung eines Unternehmens soll deshalb lauten: „Wie verändert sich der Mitarbeiter?" Diese Frage stellte sich ebenfalls Jacob Morgan (2014). Seine Überlegungen wurden in Abb. 3.1 zusammengefasst.

Laut Morgan (2014) werden dem Mitarbeiter der Zukunft zahlreiche Freiheiten bei der Gestaltung der Arbeitsform und Arbeitszeiten eingeräumt. Das Arrangement der professionellen Entwicklung wird durch den Mitarbeiter selbst bestimmt, und der Fokus seiner Tätigkeiten wird vor allem auf den Ergebnissen liegen. Morgan betont in seinem Artikel die Wichtigkeit des Einsatzes der kollaborativen Technologien sowie des adaptiven Lernens und der demokratischen Lehre. Die ausgeübten Tätigkeiten werden stärker durch die Kundenzentrierung und Informationsteilung innerhalb und außerhalb des Unternehmens geprägt.

DIE EVOLUTION DES MITARBEITERS

Data source: Jacob Morgan

VERGANGENHEIT	ZUKUNFT
Arbeit 9 - 5	Jederzeit arbeiten
Arbeitet vor Ort	Arbeitet überall
Nutzt Betriebsausstattung	Verwendet beliebige Geräte
Fokussiert auf den Input	Fokussiert auf den Output
Fremdbestimmter Karriereweg	Selbstbestimmter Karriereweg
Vordefinierte Arbeit	Kundenzentrierte Arbeit
Hortet Informationen	Teilt Informationen
Keine Stimme	Kann Führungskraft werden
Verlässt sich auf E-Mail	Verlässt sich auf die kollaborative Technologien
Fokussiert auf Wissen	Fokussiert auf adaptives Lernen
Betrieblich bestimmtes Lernen und Lehren	Individuelles Lernen und Lehren

Abb. 3.1 Evolution eines Mitarbeiters. (Quelle der enthaltenen Texte: Morgan 2014)

3.1.3 Modern Leadership

Auch der Führungsstil unterliegt zahlreichen Veränderungen. Fachkräftemangel, Digitalisierung und Globalisierung der Welt erfordern die Etablierung neuer Führungspraktiken für die interdisziplinären und internationalen Teams. Durch den Wandel der Arbeitswelt hin zum Arbeitnehmermarkt gewinnt das Prinzip von „Servant Leadership" zunehmend an Bedeutung. Dieses Prinzip verfolgt den Leitgedanken, dass die Führungskraft eine dem Mitarbeiter dienende Persönlichkeit ist. Mit diesem Ansatz rückt der Mitarbeiter und seine Karrierewünsche noch mehr in den Fokus. Laut einer Studie von Çakmak et al. (2015) hat der Ansatz von Servant

Leadership einen starken Einfluss auf die Zufriedenheit im Arbeitsleben der Mitarbeiter. Die zahlreichen Entwicklungen und vielfältigen Herausforderungen in der
Arbeitswelt haben laut Thiemann (2022) die Konsequenz einer neuen Interpreta-
tion und Umsetzung des Themas „Führung" mit sich gebracht. An der Wichtigkeit
gewann der Aspekt des Wohlbefindens aller Mitarbeiter, wodurch Führungskräfte
den Ansprüchen der Mitarbeiter viel stärker als früher gerecht werden müssen.
„Auch der enorme Druck seitens der Arbeitsmärkte zwingt zum Umdenken. Gute
Mitarbeiter, die sich nicht eingebunden und wertgeschätzt fühlen, sind schnell weg.
Der „War for Talents" hat längst begonnen und braucht mehr Sensibilität, Flexibilität und Anpassungsfähigkeit beim Führungsstil." (Thiemann 2022). Thiemann
beschreibt in seinem Artikel zahlreiche Ansätze zur Steigerung der Mitarbeiterzufriedenheit. Ein Ansatz thematisiert, die Führungskraft als Kommunikator, Mentor
und Unterstützer zu sehen. Die modernen Führungskräfte sollen eine Vorbildfunk-
tion ausführen und eigene Werte verkörpern. Die Werte einer Führungspersönlich-
keit müssen hierbei im Einklang mit dem repräsentierten Unternehmen stehen, um
die Glaubwürdigkeit und Authentizität einer Führungsperson zu bestätigen. Ein
weiterer Ratschlag beschreibt den vertrauensvollen Umgang mit eigenen Mitarbeitern. „Führungskräfte schätzen die Qualifikation und das Potenzial ihrer Mitarbeiter.
Dazu gehört dann auch eine gewisse Toleranz bei Fehlern." (Thiemann 2022). Die
oben erwähnten Prinzipien können um den Ansatz der gerechten Beurteilung der
Kompetenzen jeweiliger Mitarbeiter sowie die Berücksichtigung dessen Karrierewünsche und -pläne ergänzt werden. Doch wie kann die Sicherstellung dieser Werte
erfolgen? Hierfür gibt es ebenfalls mehrere Ansätze, aus den zwei subjektiv ausge-
wählte, folgend erörtert werden.

Predictive Index – das entscheidende Tool in der Personalentwicklung
„Zeig mir, wer du bist, und ich zeige dir, wie du arbeitest/führst. Mit dieser einfa-
chen Formel kann man das Potenzialanalyse-Verfahren Predictive Index (PI) ganz
gut beschreiben. Aber hinter dem PI steckt weit mehr als ein simpler Persönlich-
keitstest. Das valide und objektivierte Verfahren liefert entscheidende Erkenntnisse
über Beschäftigte und Bewerber:innen – über ihre Antriebe, motivierenden Bedürfnisse, ihr Verhalten im Arbeitsumfeld sowie den Führungsstil. (...) Der PI ist ein
Potenzialanalyse-Verfahren, in dem ein Abgleich zwischen dem Selbst- und dem
vermuteten Fremdbild analysiert und besprochen wird. Die Beurteilungsmethode
basiert auf einer Freiwahl-Adjektiv-Liste und dient der objektivierenden Erfassung
von arbeitsbezogenem Verhalten, Potenzialen, Motivation und Arbeitszufrieden-

heit. Das Verfahren ist simpel und effektiv zugleich. Den Adjektiven werden vier Ausprägungen der Persönlichkeit zugeordnet:

- Dominanz (der Antrieb, Einfluss auf andere Personen oder Themen auszuüben)
- Extraversion (der Antrieb nach sozialer Interaktion)
- Geduld (das Maß an Spannung, den Sinn für Dringlichkeit)
- Formalität (der Antrieb nach Übereinstimmung mit formalen Richtlinien und Strukturen)

Von diesen vier Faktoren kann dann das arbeitsbezogene Verhalten einer Person abgeleitet werden. Das PI-Verfahren hilft die motivierenden Bedürfnisse, Antriebe, Führungsstil und grundsätzlichen Verhaltensweisen von Menschen im Arbeitsumfeld zu verstehen. Dabei geht es nicht um richtiges oder falsches Verhalten zu definieren, sondern vielmehr herausfinden, inwieweit der/die Bewerber*in zu dem Anforderungsprofil der ausgeschriebenen Stelle und dem dazugehörigen Arbeitsumfeld passt. Der PI liefert damit Hinweise auf die Persönlichkeit der Beschäftigten/Kandidat*innen, die Bedarfe der Beschäftigten an die Führung, die Zusammenarbeit und die Organisation sowie die gegebenenfalls erforderlichen Anforderungsleistungen der Beschäftigten in der jeweiligen Funktion. Das heißt, das PI-Persönlichkeitsprofil erlaubt zum Beispiel Aussagen mit Bezug auf diverse berufliche Situationen und deren Anforderungen wie Führungsverhalten und Führungspotenzial sowie Teamverhalten und Arbeitsmoral." (Wodzak-Littig 2020)

Assessment Center
Assessment Center ist eine Methode zur Einschätzung von Personen sowie deren Eignung meistens auf bestimmte Führungspositionen. Sie berücksichtigt den Einsatz zahlreicher Leistungstests oder Persönlichkeitstests und umfasst Arbeitssimulationen oder andere Übungen, zu den Rollenspiele, Gruppendiskussionen, Konzeptionsübungen, Postkorbübungen, Fallstudien und Interviews gehören, sowie deren Bewertung durch geschulte Beobachter („Assessoren") (Melchers et al. 2022). Assessment Center können mehrere Tage lang dauern und finden meistens in Präsenz statt.

3.1.4   Menschenmanagement und Skillmanagement der Zukunft

Menschenmanagement der Zukunft

Als „Human Resource Management" wird die Verwaltung der menschlichen Ressourcen eines Unternehmens bezeichnet. In vielen Organisationen mit veralteten Strukturen und Denkweisen wird ein Mitarbeiter auf eine bloße Ressource reduziert. Genau wie Forschelen (2017) empfinde ich den Begriff „Menschenmanagement" hierbei viel geeigneter. Durch diese dezente Änderung wird der Facettenreichtum dieser Bezeichnung und deren Anwendung in Organisationen zum Ausdruck gebracht. Dadurch wird eine Person nicht lediglich als Arbeitskraft gesehen, sondern vielmehr als ein soziales Wesen. Dadurch rutschen auch die Fähigkeiten, das Wissen oder die Motivation des einzelnen Mitarbeiters in den Mittelpunkt sowie die Interaktionen eines Menschen zwischen seinem beruflichen und privaten Umfeld, welche in den kritischen Zeiten des Fachkräftemangels sowie durch die Toleranz- und Bewusstseinssteigerung, in jedem zukunftsausgerichteten Unternehmen unbedingt berücksichtigt werden müssen. Ein ganz wichtiger Aspekt des Menschenmanagements der Zukunft ist die Gewährleistung von „Work-Life-Balance", also eines ausgeglichenen Verhältnisses zwischen Berufs- und Privatleben. Wir leben in Zeiten des Fachkräftemangels, in den hochqualifizierte Menschen nun sehr schwer zu finden sind. Auch die demografischen Änderungen und die Globalisierung der Welt tragen dazu bei. Der Kampf um die Talente ist längst eröffnet! Doch können Menschen, die sich im Arbeitsleben unwohl fühlen, überhaupt Spaß an der Arbeit empfinden und verantwortungs- und vertrauensvolle soziale Netzwerke im Unternehmen aufbauen? Und was passiert, wenn ein Unternehmen seine Arbeitskräfte verliert? Wie hoch sind die Einarbeitungskosten eines Mitarbeiters? Ab welchen Moment „rentiert sich" monetär die Investition in einen Mitarbeiter? Und was passiert, wenn dieser noch vor Break Even das Unternehmen verlässt? Aus diesen Gründen muss jedes Unternehmen sich mit den o. g. Punkten auseinandersetzen und flexible Ansätze in der Unternehmensstrategie verankern, welche zum Wohlfühlen eines Mitarbeiters im signifikanten Maß beitragen.

Skillmanagement der Zukunft

Jeder von uns hat in den letzten Jahren einen Wandel der Gesellschaft und rasante Entwicklung der Kompetenzen geprägt durch Marktentwicklungen, Änderungen der Gesetzeslage sowie zunehmende Digitalisierung und Globalisierung der Welt bemerkt. Noch vor ein paar Jahren gab es eindeutige Tätigkeiten und Studiengänge, die für eine zielgerichtete Entwicklung der Kompetenzen gesorgt haben. Noch vor ein paar Jahrzehnten war es nicht denkbar, bestimmte Studiengänge wie Maschinenbau und Medizin miteinander zu verknüpfen. Doch in der neuen Ära des technologischen Fortschritts ist es kein Tabu mehr.

Nehmen wir die Welt der Medizin als Beispiel unter die Lupe: Der Arzt dieses Jahrhunderts (nennen wir ihn hier zukunftsweisend Arzt 5. 0) muss jetzt nicht nur über das breite Spektrum des Wissen über menschliche Anatomie oder Physiologie verfügen. Im Rahmen der rasant voranschreitenden Digitalisierung des Gesundheitswesen wird der Einsatz von Robotern, die das menschliche Leben retten und Schritt für Schritt die ärztliche Versorgung der Menschen begleiten immer präsenter und selbstverständlicher. Doch welche Kompetenzen muss der Arzt 5. 0 jetzt in den Zeiten des Wandels sowie zukünftig besitzen, um die effiziente und kompetente Versorgung der Patienten zu garantieren? Wie können wir sicherstellen, dass die Mensch-Maschine-Interaktion überhaupt funktioniert? Über welche Skills muss ein Mensch in der stark digitalisierten Welt verfügen?

Genau mit diesen Themen beschäftigt sich das Skillmanagement der Zukunft: es hat die Aufgabe, Mitarbeiter-Kompetenzen zu beschreiben, sie transparent zu machen, sowie den Transfer, die Nutzung und Entwicklung der Kompetenzen hinsichtlich strategischer Unternehmensziele sicherzustellen. Darüber hinaus sorgt es für die zukunftsorientierte (Weiter)Bildung des Fachpersonals, in jedem Bereich der menschlichen Existenz. Dabei reicht es nicht aus, einen qualifizierten HR-Mitarbeiter an Board zu haben. Dieser muss mit der Möglichkeit der Zukunftserkundung ausgestattet werden, kontinuierlich auf dem neuesten Stand der Technik sein sowie Marktänderungen beurteilen können und noch zuzüglich über strategisches Denken für die kompetente Zukunftsausrichtung verfügen. Wie können wir diesen Mitarbeiter unterstützen? Die Antwort ist simpel: indem ein KI-Ansatz bei einer Skillmanagement und Corporate Learning Lösung miteinander verbunden werden, siehe https://www.skillties.com (Skillties 2023).

3.1.5 Eindeutige Rollengestaltung und gerechtes Vergütungsmodell

In der zukunftsorientierten Organisation spricht man öfter von Rollen und Rollenprofilen anstatt von Stellen. Im Gegenzug zu einer „starren" Stelle, ist eine Rolle flexibel und nicht personenbezogen. Durch die Trennung der Rolle von der Person kann laut Schüller (2021) die Aufgabenverteilung viel flexibler an die sich ständig verändernden Marktentwicklungen angepasst werden. Sowohl die Kreation neuer als auch die Auflösung der veralteten Rollen gestaltet sich viel einfacher und richtet sich nach dem unternehmensinternen Bedarf. Durch die Möglichkeit des kurzfristigen Justierens verhindert man auch, dass eine Person zu viel, und die andere zu wenig Arbeit hat. „Eine Person kann mehrere Teilrollen übernehmen und/oder in mehreren Projektteams arbeiten. Eine Rolle kann je nach Umfang auch durch mehrere Personen ausgeübt werden. Oder sie wird nur zeitweise besetzt. So können Arbeitsspitzen viel besser ausgeglichen werden. Und Kompetenzbedarfe lassen sich situativ sehr zügig decken, ohne gleich neue Mitarbeiter einstellen zu müssen. Auch Rollenwechsel oder ein interdisziplinärer Austausch sind jederzeit möglich, ohne dass Machtthemen bremsen." (Schüller 2021)

Der Wechsel der Rollen kann z. B. mit einem Senioritätslevel versehen werden, was zur Transparenzsteigerung über den Verantwortungsbereich und Umfang der Aufgaben beiträgt.

Ein Rollenprofil beinhaltet üblicherweise die Auflistung der gewünschten Qualifikationen, Aufgabenbeschreibung sowie den Verantwortungsbereich. Die Bewerber bekommen meistens während der Sondierungs- oder Vorstellungsgespräche nur einen limitierten Einblick in die Firmenstruktur und -kultur und genauso begrenzt ist der Einblick der Arbeitgeber im Bezug auf Arbeitsmorale, Motivation und die tatsächlichen Kompetenzen der Kandidaten. Anhand der vorherigen Analysen wurde ein „neuartiges" Modell entwickelt, welches das Thema der Vergütung anhand folgender Kategorien mittels Gewichtung bewertet: Komplexität der Aufgaben (replikative Tätigkeiten, Interdisziplinarität), Art und Umfang der Verantwortung und des Einflusses (eigene Arbeitsleistung, Teamverantwortung, Abteilungsverantwortung, ganze Firma), Eignung des Kandidaten (fachliche Kompetenzen, Erfahrungen, Soft Skills) und das Arbeitsmodell (Teilzeit/Vollzeit). Die Gewichtung von einzelnen Kategorien kann mit einem multiplikativen Faktor versehen werden. Eine beispielhafte Darstellung von einem solchen Modell wird in Abb. 3.2 präsentiert.

Sowohl der Wert des Faktors als auch die Klassifizierung können beliebig variieren und in jedem Unternehmen individuell festgelegt werden. Das Modell berücksichtigt ebenfalls, dass der Mitarbeiter die Anzahl der Arbeitsstunden nach eigenem Ermessen festlegt. Eine klare Rollenverteilung mit der eindeutigen Titel-Struktur zu einem eindeutig definierten Verantwortungsbereich, beeinflusst positiv die Mitarbeitermotivation, sorgt für eine unternehmensweite Transparenz über Aufgaben und Verantwortlichkeiten und wirkt sich positiv auf die Außendarstellung des Unternehmens aus.

KATEGORIE	FAKTOR	KLASSIFIZIERUNG	RESULTAT
Basis			**50.000 €**
Komplexität der Aufgaben	0.1	Replikative Tätigkeit	+ 5.000
	0.2	Eigenständigkeit	+ 10.000
	0.3	Interdisziplinarität	+ 15.000
Verantwortungs- und Einflussbereich	0.1	Eigene Leistung	+ 5.000
	0.2	Teamverantwortung	+ 10.000
	0.3	Abteilungsverantwortung	+ 15.000
	0.4	Ganze Firma	+ 20.000
Kompetenzen	0.1	Fachliche Eignung	+ 5.000
	0.1	Burufserfahrung	+ 5.000
	0.1	Soft Skills	+ 5.000
Arbeitsmodell	0.5	20h/Woche	
	1.0	40h/Woche	
SUMME			**100.000 €**

Abb. 3.2 Vergütungsrechner – eine Beispielkalkulation. (In Anlehnung an useblocks GmbH, 2023)

3.1.6 Unternehmenskultur und -gestaltung

Interne Kommunikation

Interne Kommunikation sorgt für Wissens- und Informationstransfer sowie im besten Fall den Transport der Unternehmensziele. Sie steigert die Effizienz, sorgt für eine hohe Transparenz, fördert Partizipation und dadurch stärkt sie folglich die Mitarbeitermotivation. Sie ist ein Instrument zur Vermittlung der Unternehmenskultur, Unternehmenswerte, Normen sowie des Leitbildes. Innerhalb eines Unternehmens trägt sie folglich maßgeblich zum Unternehmenserfolg bei, weshalb sie ein elementarer Bestandteil jeder Unternehmensstrategie darstellen soll. Zur Verfolgung dieses Zieles werden Vision, Mission, das Leitbild und Guiding Principles im Unternehmen klar definiert und fest verankert (Personio 2023).

Eine eindeutige Kommunikation innerhalb eines Unternehmens kann mittels verschiedener Managementmethoden sichergestellt werden. Dazu gehören u. a.:

- Einführung des kontinuierlichen Verbesserungsprozesses (KVP), wodurch Menschen ihre Meinung und Vorschläge teilen können und somit in die Unternehmensaktivitäten eingebunden sind, z. B. durch Mitteilung themenbezogener Verbesserungsvorschläge (Kostka und Kostka 2017).
- Etablierung von „Strategy Days" zur gemeinsamen Priorisierung von Backlog, Festlegung der Unternehmensziele und Ermittlung von Status Quo auf Basis der integrativen Kommunikation zwischen einzelnen Abteilungen.
- Definition und Verankerung von Vision, Mission, Leitbild und Guiding Principles im Unternehmen.
- Erfolgreiche Teambildung- und gestaltungsmaßnahmen, z. B. kreative Workshops und Teamevents.
- Einsatz von KAIZEN- Methoden und Lean Management.
- Verwendung der Qualifikations- und RACI-Matrix oder anderen Instrumenten zur Steigerung der Effizienz in interdisziplinären Prozessabläufen und Klärung der Verantwortungsbereiche.

3.2   Partizipativer Prozess zur Entwicklung der Unternehmensstrategie

In diesem Kapitel wird das in Kap. 1 und in Kap. 2 dargelegte Wissen zusammengeführt, wodurch eine Vorgehensweise zur Entwicklung einer an den Menschen orientierten Unternehmensstrategie entsteht. Der Prozess wird als partizipativ bezeichnet, um die Mitwirkung einzelner Einheiten des Unternehmens zu betonen. Die Wichtigkeit der gemeinsamen Entwicklung der Zukunftsstrategie wurde ebenfalls durch das Bundesministerium für Bildung und Forschung (2023) zum Ausdruck gebracht.

3.2.1   Der Weg zu einer menschenzentrierten Unternehmensstrategie

In erster Linie soll das Vorgehen zur Entwicklung der Unternehmensstrategie entwickelt werden. Stocker und Wyrsch (2014, S. 34) unterscheiden fünf mögliche Ausgangslagen in einem Unternehmen. Anhand dieses Beispiels hängen die einzelnen Punkte der Unternehmensstrategie von dem jeweiligen Entwicklungsstadium eines Unternehmens ab. Unter Berücksichtigung eines partizipativen Prozesses zur Entwicklung einer menschenzentrierten Unternehmensstrategie kann jedoch die Anzahl der Stadien einer Organisation auf drei folgende reduziert werden:

- Ein Start-up
- Eine bestehende Organisation ohne Unternehmensstrategie
- Ein Unternehmen mit anpassungsbedürftiger Strategie

Zur Entwicklung einer partizipativen und menschenzentrierten Unternehmensstrategie werden alle Einheiten und Business Units (BU) der Organisation eingebunden. Dieser Prozess, wie in Abb. 3.3 dargestellt, schweißt alle Mitarbeiter zusammen und betont stark das Gefühl der Zugehörigkeit, wodurch die Performance jedes einzelnen Menschen im Unternehmen erhöht wird. Jede Phase zur Entwicklung einer Unternehmensstrategie beinhaltet das Ziel, den Inhalt, die Aufgaben unterteilt in die Aufgabenpakete, die Roadmap und zeitliche Abstimmung, eventuelle Auswirkungen und Abhängigkeiten zwischen den Aufgabenpaketen sowie eindeutige Verantwortlichkeiten mit deren Definition of done. Da alle Menschen in einer Firma individuelle Charaktereigenschaften und Wünsche besitzen, muss bei der kollektiven Entwicklung der Unternehmensstrategie in einem gewissen Umfang auf ihre Bedürfnisse eingegangen werden. Während ein Mitarbeiter einen großen Gestaltungsspielraum benötigt, wird der andere eine ganz klare Zielvorgabe erwarten. Zur partizipativen Gestaltung der Unternehmensstrategie wird also nicht nur die klare und transparente Kommunikation des Prozesses oder der Rollen, Aufgaben und Verantwortlichkeiten jeder Mitarbeiter benötigt, sondern auch die Berücksichtigung der sozialen und Individualbedürfnisse jedes Menschen. Auch die Bedürfnisse der Selbstverwirklichung dürfen nicht außer Acht gelassen werden, siehe Kap. 1. Empfehlenswert ist deshalb die Auslegung der Analysen in der Art und Weise, dass jedes Individuum sich mit den von ihm angeforderten Aufgaben identifizieren kann. Dies kann z. B. geschehen, indem die unterstützenden Fragen jeder Analyse beigefügt werden. So kann der Mitarbeiter, welcher nach einem großen Gestaltungsspielraum strebt, diese Fragen lediglich als einen Hinweis betrachten und sich unbegrenzt kreativ austoben, indem er die Fragen ergänzt und selbständig erweitert. Derjenige, welcher eine vordefinierte Zielvorgabe benötigt, kann sich direkt auf die Beantwortung der Fragen konzentrieren. Meilensteine der partizipativen Entwicklung einer menschenzentrierten Unternehmensstrategie beschrieben mit den jeweiligen Zielen, erwartetem Input sowie den Empfehlungen des Vorgehens werden in Tab. 3.1 präsentiert.

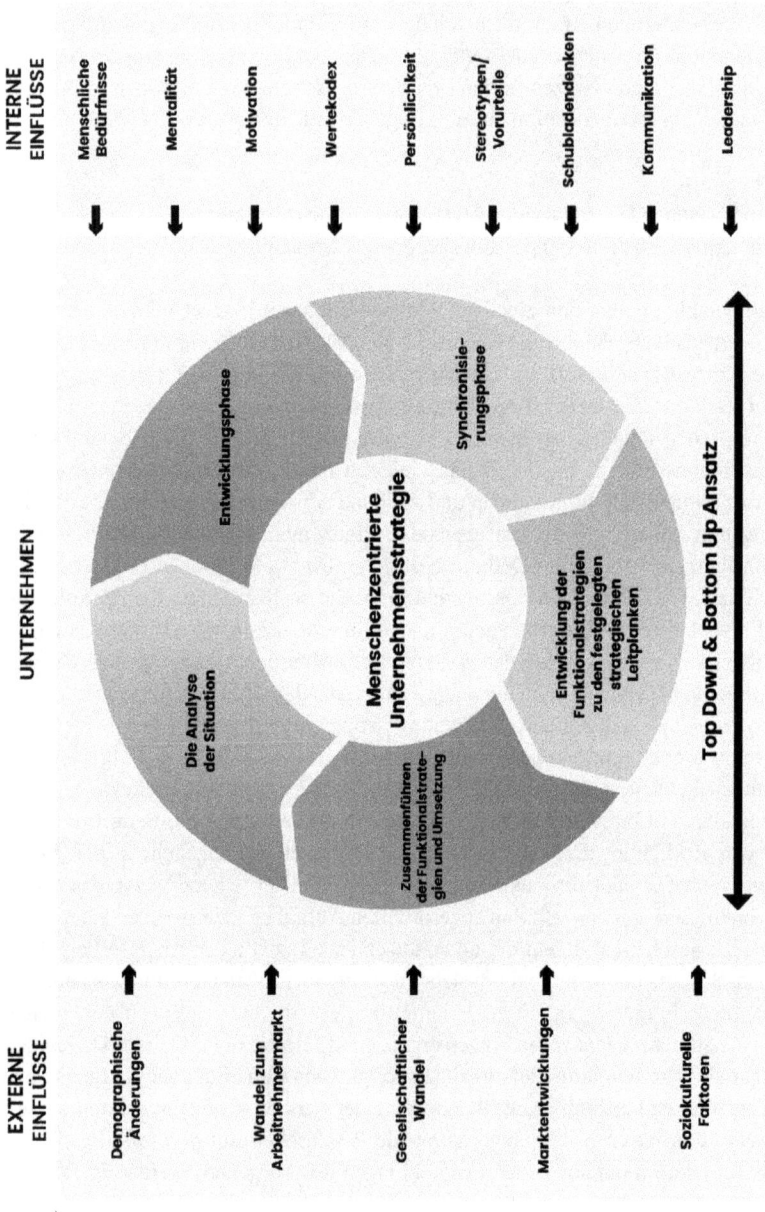

Abb. 3.3 Menschenzentrierte Unternehmensstrategie

Tab. 3.1 Meilensteine der partizipativen Entwicklung einer menschenzentrierten Unternehmensstrategie

Phase	Ziele und erwarteter Input	Vorgehen
Die Analyse der Situation	1. Analyse des IST-Zustandes, z. B. mittels Backlogs 2. Einbindung aller BUs in den partizipativen Prozess 3. Festlegung einer Grundstrategie: Festlegung des Hauptziels der Entwicklung der Organisation (Wachstum/Spezialisierung; Differenzierungsstrategie, Nischenstrategie oder Kostenführerschaft)	Durchführung der primären Analysen: 1. Strategische Geschäftsfelder 2. Umfeldanalyse 3. Unternehmensanalyse 4. SWOT-Analyse sowie abteilungsspezifischer Analysen
Entwicklungs- phase	1. Terminierung der zu erwarteten Ergebnisse und Analysen 2. Definition der Aufgaben und Verantwortlichkeiten 3. Einführung in den partizipativen Prozess und Durchführung der festgelegten Analysen	1. Kick-offs und Einbindung der Beteiligten in die partizipative Gestaltung einer Unternehmens- strategie 2. Durchführung der abteilungespezifischen Analysen
Synchronisie- rungsphase	1. Beurteilung des IST-Zustandes anhand der durchgeführten Analyse 2. Festlegung der strategischen Leitplanken	1. Durchführung des Workshops zur Beurteilung des IST-Zustandes durch die Leiter der Business Units 2. Etablierung der „Strategy Days" 3. Festlegung der strategischen Leitplanken 4. Vergleich der Ausgangslage mit Zukunftsplänen im Sinne der Machbarkeit 5. Abhängigkeitsprüfung 6. Festlegung der Timeline zur Entwicklung von Funktionalstrategien
Entwicklung der Funktionalstrate- gien zu den fest- gelegten strategi- schen Leitplanken	1. Roadmap mit Meilensteinen 2. Definition und Terminierung der Aufgabenpakete 3. Verantwortlichkeiten innerhalb einer BU	1. Interne Meetings 2. Ressourcenallokation 3. Definition der Zielsetzungen für jeden Mitarbeiter

(Fortsetzung)

Tab. 3.1 (Fortsetzung)

Phase	Ziele und erwarteter Input	Vorgehen
Zusammenführen der Funktional-strategien und Umsetzung	1. Begutachtung und Zusammenführen der Ergebnisse 2. Definition der potentiellen Abhängigkeiten 3. Interdisziplinäre Absprachen zur Schnittstellen und Abhängigkeiten (Ressourcen, Finanzen)	1. Operationalisierung 2. Implementierung 3. Controlling 4. Dokumentation

Die einzelnen Schritte werden in nachfolgenden Unterabschnitten dieses Buches beschrieben.

3.2.2   Die Analyse der Situation

Der Einstieg in den partizipativen Prozess zur Entwicklung einer menschenzentrierten Unternehmensstrategie ist die Erfassung des IST-Zustandes des Unternehmens sowie die Festlegung einer Grundstrategie. Die Erfassung des IST-Zustandes z. B. mittels Backlogs erfordert nicht selten einen interdisziplinären Wissenstransfer aus allen Einheiten des Unternehmens. In diesem Schritt wird ebenfalls eine grobe Entwicklungsrichtung des Unternehmens festgelegt: Wachstum/Spezialisierung, Differenzierungsstrategie, Nischenstrategie oder Kostenführerschaft. Durch den Einsatz des partizipativen Prozesses entsteht eine Kombination aus den beiden bekannten Ansätzen der Unternehmensplanung: Top-down und Bottom-up. Eine Top-down-Unternehmensplanung beschreibt eine Methode, globale Ziele eines Unternehmens vorab festzulegen und danach schrittweise auf die unteren Ebenen der Organisationshierarchie zu verschieben. Eine Bottom-up-Methode beschreibt dagegen ein konträres Vorgehen, in dem Ziele auf den unteren Ebenen der Organisationshierarchie festgelegt und folglich schrittweise in den Rahmen der globalen Ziele und Strategie auf höheren Ebenen integriert werden (jedox 2023). „Die Top-Down und Bottom-Up Planung ist eine bidirektionale Planung. Es ist eine Kombination der Ansätze Top-Down und Bottom-Up. Die Planung erfolgt sowohl von oben nach unten als auch von unten nach oben. Unterschiede zwischen beiden Richtungen werden kontinuierlich koordiniert und abgestimmt. Im Einzelnen handelt es sich um Methoden zur Unternehmensplanung als auch für die Definition von Zielen und Möglichkeiten für deren Erreichung." (jedox 2023). Durch den Einsatz dieser

Methode wird jeder Mitarbeiter des Unternehmens in den Prozess involviert, was zum Wohlbefinden beiträgt und die Motivation erhöht.

3.2.3 Entwicklungsphase

Der zweite Schritt zur Erarbeitung einer menschenzentrierten Unternehmensstrategie beinhaltet die Einführung in den partizipativen Prozess. Die Terminierung der zu erwarteten Ergebnisse und Analysen sowie die Definition der Aufgaben und Verantwortlichkeiten erfolgen mittels Kick-offs, wodurch in die Entwicklung der Unternehmensstrategie alle Vertreter der jeweiligen Einheiten eingebunden werden. Auch hier liegt der Fokus auf „Gemeinsam".

3.2.4 Synchronisierungsphase

Sobald die Analysen durchgeführt wurden und der Wissenstransfer erfolgte, wird der IST-Zustand beurteilt. Je nach Art der Unternehmensorganisation kann es z. B. durch die jeweiligen Leiter der Abteilungen oder in gemeinsamen Workshops erfolgen. Der Austausch über die Resultate dieses Vorgehens erfordert die Einbindung der Repräsentanten aller wichtigen Einheiten des Unternehmens, z. B. in Form von „Strategy days". In diesen Tagen werden zahlreiche Meinungen und Resultate der vorher durchgeführten Analysen präsentiert, was im Endergebnis den interdisziplinären Wissenstransfer ermöglicht und zur Festlegung der strategischen Leitplanken beiträgt. Diese werden i. d. R. durch die Geschäftsführung festgelegt. Durch die bevorzugte Kombination aus beiden Ansätzen der Unternehmensplanung (Bottom-up und Top-down) wird es der Geschäftsführung ermöglicht, jederzeit auf situative Veränderungen zu reagieren und einzugreifen. Das bedeutet, dass die strategischen Leitplanken ebenfalls spontan als eine Reaktion auf die plötzliche Marktentwicklungen festgelegt werden können. Als eine strategische Leitplanke ist hier ein grober Rahmen gemeint z. B. die Portfoliodiversifikation. Danach erfolgt der Vergleich der Ausgangslage mit Zukunftsplänen im Sinne der Machbarkeit, die Prüfung der Abhängigkeiten sowie die Festlegung der Timeline zur Entwicklung von Funktionalstrategien.

3.2.5 Funktionalstrategien

„Die Funktionalstrategie wird für jede funktionale Ebene entlang der Wertschöpfungskette eines Geschäftsfeldes erstellt. In der Funktionalstrategie wird für die einzelne Funktionen (Einkauf, IT, Personalmanagement, Marketing, Logistik, Vertrieb etc.) Handlungen und Handlungssequenzen festgelegt die die Erreichung der Geschäftsfeldstrategie gewährleisten sollen." (Alerion Consulting 2023)

Alerion Consulting (2023) nennt fünf wichtige Punkte zur Entwicklung und Etablierung der Funktionalstrategie:

- Konkretisierung: Die Funktionalstrategie spezifiziert und konkretisiert die festgelegten strategischen Leitplanken und dient als ein Framework für das operative Management.
- Integration: Die Funktionalstrategie basiert auf den festgelegten strategischen Leitplanken und soll als ein Instrument zur Erreichung dieser eingesetzt werden.
- Koordination: Die Funktionalstrategien sollen auch untereinander abgestimmt und koordiniert werden, dadurch kann eine effiziente Umsetzung der Unternehmensstrategie sichergestellt werden.
- Kooperation: Falls es mögliche Synergien zwischen den einzelnen Einheiten des Unternehmens gibt, sollen sie unbedingt erörtert werden.
- Selektion: Die Einheiten eines Unternehmens verfügen über fachspezifisches Know-how und sollen deshalb die Möglichkeit haben, ihr Wissen in die Funktionalstrategie einzubringen.

Die Entwicklung einer Funktionalstrategie kann in internen Meetings durchgeführt werden. In den Teams wird eine Roadmap mit Meilensteinen festgelegt, die Definition und Terminierung der Aufgabenpakete sowie die Verantwortlichkeiten innerhalb einer Einheit oder Business Unit. Ein wichtiger Aspekt hierbei ist die Ressourcenallokation, womit die effiziente Entwicklung einer Funktionalstrategie gewährleistet werden kann.

3.2.6 Zusammenführen und Umsetzung

Den letzten Schritt zur Entwicklung einer menschenzentrierten Unternehmensstrategie mithilfe des partizipativen Prozesses ist die Zusammenführung der Funktionalstrategien und deren Umsetzung. Mit der Definition der Grundstrategie und der strategischen Leitplanken wurde eine grobe Richtung sowie der Rahmen der Entwicklung eines Unternehmens festgelegt. Mit der Entwicklung jeweiliger Funktionalstrategien wurde das Konzept der Umsetzung in jeder funktionalen Einheit fest-gelegt. Als nächsten Schritt werden die Ergebnisse der Zusammenarbeit beurteilt und zusammengeführt. Nach Bedarf folgen weitere interdisziplinäre Absprachen zu Schnittstellen sowie die Klärung der jeweiligen Abhängigkeiten. Die Planungs-phase ist somit abgeschlossen. Das bedeutet es folgen jetzt die Operationalisierung, die Implementierung, Controlling sowie die Erstellung der Dokumentation.

Was Sie aus diesem *essential* mitnehmen können

- Der Paradigmenwechsel zeigt sich in vielen Aspekten des menschlichen Daseins. Die Anforderungen und Fähigkeiten werden komplexer und sind von schnelllebigen Marktveränderungen geprägt. Der Mentalitätswandel, die Entwicklung hin zum Arbeitnehmermarkt und demografische Veränderungen sind entscheidende Faktoren, die die Dynamik innerhalb von Unternehmen beeinflussen.
- Der Übergang vom Arbeitgeber- zum Arbeitnehmermarkt erfordert, dass Unternehmen für ihre Mitarbeiter besonders attraktiv sein müssen. Um auf diese Entwicklung zu reagieren, müssen Maßnahmen zur Erhöhung der Attraktivität des Arbeitsplatzes eingeführt und die Individualität jedes Mitarbeiters berücksichtigt werden.
- Durch den globalen Paradigmenwechsel, gewinnen menschenzentrierte und partizipative Prozesse zunehmend an Bedeutung. Um sich auf dem Markt behaupten zu können, müssen Organisationen auf die Marktentwicklungen rasch reagieren können. Dies ist nur möglich, wenn es den Unternehmen gelingt, ihre Mitarbeiter langfristig zu binden. Die Bindung der Mitarbeiter kann erfolgen, wenn sie verstanden, wertgeschätzt und erfüllt in ihrem Job sind.
- Das Werkzeug zur langfristigen und erfolgreichen Ausrichtung eines Unternehmens, nämlich die Unternehmensstrategie, kann menschenzentriert in Form eines partizipativen Prozesses entwickelt werden, wodurch alle Mitarbeiter des Unternehmens eine Stimme bekommen können. Dies bietet den Unternehmen eine Möglichkeit der langfristigen Fachkräftesicherung.

© Der/die Herausgeber bzw. der/die Autor(en), exklusiv lizenziert an Springer   43
Fachmedien Wiesbaden GmbH, ein Teil von Springer Nature 2023
D. Lothary, *Menschenzentrierte Unternehmensstrategie*, essentials,
https://doi.org/10.1007/978-3-658-41846-5

Literatur

Alerion Consulting. *Unternehmens- vs. Funktionalstrategie.* 2023. https://www.alerion.ch/ratgeber/unternehmensstrategie-vs-funktionalstrategie/.

F. Becker. *Mitarbeiter wirksam motivieren: Mitarbeitermotivation mit der Macht der Psychologie.* Springer Berlin Heidelberg, 2018. https://books.google.de/books?id=E6A-ugEACAAJ.

Prof. Dr. F. Becker und Wirtschaftspsychologische Gesselschaft WPGS. *Intrinsische Motivation und extrinsische Motivation.* 2017. https://wpgs.de/fachtexte/motivation/intrinsische-motivation-und-extrinsische-motivation/.

R. Bergler und B. Six. „Stereotype und Vorurteile". In: *C. F. Graumann (Hrsg.): Sozialpsychologie. Zitiert nach: Dörte Weber: Geschlechterkonstruktion und Sozialpsychologie. Theoretisches Modell und Analyse in Studien zum Pflegeberuf. Verlag für Sozialwissenschaften, Wiesbaden 2005, S. 115.* 7.2 (1972).

B. Brossardt. „Studie: Arbeitslandschaft 2040". In: *Eine vbw Studie, erstellt von der Prognos AG* (2015).

Dr. A. Bühl. *Die virtuelle Gesellschaft des 21. Jahrhunderts: SozialerWandel im digitalen Zeitalter.* 2. Aufl. VS Verlag für Sozialwissenschaften, 2000.

Bundesministerium für Bildung und Forschung. *Zukunftsstrategie Forschung und Innovation.* 2023. https://www.bmbf.de/bmbf/de/forschung/zukunftsstrategie/zukunftsstrategie_node.html.

Esra Çakmak, Özge Öztekin und Engin Karadağ. „The Effect of Leadership Leadership on Job Satisfaction". In: *Leadership and Organizational Outcomes: Meta-Analysis of Empirical Studies.* Hrsg. von Engin Karadağ. Cham: Springer International Publishing, 2015, S. 29–56. https://doi.org/10.1007/978-3-319-14908-0_3.

Christopher P. Cerasoli, Jessica M. Nicklin und Michael Thomas Ford. „Intrinsic motivation and extrinsic incentives jointly predict performance: a 40-year meta-analysis." In: *Psychological bulletin* 140 4 (2014), S. 980–1008.

Michael Christian, Adela Garza und Jerel Slaughter. „Work Engagement: A Quantitative Review and Test of Its Relations with Task and Contextual Performance". In: *Personnel Psychology* 64 (03/2011), S. 89–136. https://doi.org/10.1111/j.1744-6570.2010.01203.x.

Edward L. Deci und Richard M. Ryan. *Intrinsic Motivation and Self- Determination in Human Behavior.* New York: Springer New York, NY, 1985. https://doi.org/10.1007/978-1-4899-2271-7.

A. Diehl. *Agilität im Unternehmen – Die hohe Kunst, mit Dynamik und Komplexität umzuge-hen*. 2019. https://digitaleneuordnung.de/blog/was-ist-agilitaet/.

Duden. *Vorurteil (*https://www.duden.de/node/200032/revision/1397810*)*. 2023. https://www.duden.de/rechtschreibung/Vorurteil#cite.

C. Dr. Dweck. *Mindset – Updated Edition. Changing The Way You think To Fulfil Your Potential*. Little, Brown Books for Young Readers, 2017.

Walter Edelmann. „Intrinsische und extrinsische Motivation". In: *Grundschule 35/4* (2003), S. 30–32.

E. Elliott-Moskwa und C. Dr. Dweck. *The Growth Mindset Workbook: CBT Skills to Help You Build Resilience, Increase Confidence and Thrive Through Life's Challenges*. New Harbinger Publications, 2022.

P. Flandorfer. *Die Bedürfnispyramide von Maslow verstehen und anwenden. Scribbr*. 2022. https://www.scribbr.de/modelle-konzepte/beduerfnispyramide-maslow/.

Bert Forschelen. „Menschenmanagement". In: *Kompendium der Zitate für Unternehmer und Führungskräfte: Über 5000 Aphorismen für Reden und Texte im Management*. Wiesbaden: Springer Fachmedien Wiesbaden, 2017, S. 285–356. https://doi.org/10.1007/978-3-658-16249-8_6.

A. Frank. *Wann werden Vorurteile wirklich gefährlich?* 2023. https://www.annefrank.org/de/themen/vorurteile-und-stereotype/wann-werden-vorurteile-wirklich-gefahrlich/.

M. Franke. *4-Ohren-Modell: Wie gute Kommunikation im Job wirklich funktioniert*. 2022. https://arbeits-abc.de/vier-ohren-modell/.

D. Friedmann. *Die drei Persönlichkeitstypen und ihre Lebensstrategien*. Wbg Academic in Wissenschaftliche Buchgesellschaft (wbg), 2013.

HDB Gesellschaften. *Mindset & Mentalität entwickeln: Bedeutung und Beispiele für ein positives Business-Mindset*. 2023. https://hdb-gesellschaften.de/firmengruendung/mindset (besucht am 25.04.2023).

P. Hirtler. *Personalgewinnung in Krisenzeiten: Arbeitgeber- oder Arbeitnehmermarkt?* 2023. https://www.personalwirtschaft.de/news/recruiting/studie-kandidaten-habend-das-sagen-im-bewerbungsprozess-140353/.

jedox. *Top-Down- und Bottom-Up-Planung*. 2023. https://www.jedox.com/de/blog/top-down-bottom-up-planung/.

Timothy Judge, Christine Jackson, John Shaw, Brent Scott und Bruce Rich. „Self-Efficacy andWork-Related Performance: The Integral Role of Individual Differences". In: *The Journal of applied psychology* 92 (02/2007), S. 107–27. https://doi.org/10.1037/0021-9010.92.1.107.

C. Kostka und S. Kostka. *Der Kontinuierliche Verbesserungsprozess*. 7. Aufl. Hanser Verlag, 2017.

Robert K. Lech, Onur Güntürkün und Boris Suchan. „An interplay of fusiform gyrus and hippocampus enables prototype- and exemplar-based category learning". In: *Behavioural Brain Research* 311 (2016), S. 239–246. https://doi.org/10.1016/j.bbr.2016.05.049. https://www.sciencedirect.com/science/article/pii/S0166432816303333.

M. Leitner. *Es gibt nur 4 verschiedene Persönlichkeitstypen*. 2023. https://www.gesund.at/psyche/persoenlichkeitstypen-4-verschiedene/ (besucht am 13.04.2023).

W. Lippmann. *Public Opinion*. New York: Transaction Publishers, 1922.

C.G. Lord, E. Preston und M.R. Lepper. „Considering the Opposite: A Corrective Strategy for Social Judgement". In: *Journal of Personality and Social Psychology* 47.6 (1984), S. 1231–1243.

J. Mai. *Stereotyp: Definition, Beispiele + Tipps.* 2022. https://karrierebibel.de/stereotyp/.

Abraham H. Maslow. *Motivation und Persönlichkeit.* Olten; Freiburg i. Br.: Walter, 1977.

K. Melchers, S. Greif, H. Häcker und B. Runde. *Assessment-Center.* 2022. https://dorsch.hogrefe.com/stichwort/assessment-center/.

James Morehead. *Stanford University's Carol Dweck on the Growth Mindset and Education.* 2012. https://onedublin.org/2012/06/19/stanford-universitys-carol-dweck-on-the-growth-mindset-and-education/.

Jacob Morgan. *The evolution of the Employee.* 2014. https://thefutureorganization.com/evolution-employee/.

L. Onderka. *Studie: Kandidaten haben das Sagen im Bewerbungsprozess.* 2022. https://www.personalwirtschaft.de/news/recruiting/studie-kandidaten-habend-das-sagen-im-bewerbungsprozess-140353/.

J. Pach, H. Buck, E. Kistler, H.G. Mendius, M. Morschhäuser und H. Wolff. *Zukunftsreport demographischer Wandel. Innovationsfähigkeit in einer lternden Gesellschaft.* Bonn: Bundesministerium für Bildung und Forschung, 2000.

Personio. *Interne Kommunikation - Instrumente, Strategie, Konzept.* 2023. https://www.personio.de/hr-lexikon/interne-kommunikation/.

M. Pflanz. „Soziokulturelle Faktoren und innere Krankheiten". In: *Neunundsiebzigster Kongress.* Munich: J.F. Bergmann-Verlag, 1973, S. 69–74.

J. Richeson und R. Nussbaum. „The impact of multiculturalism versus colorblindness on racial bias." In: *Journal of Experimental Social Psychology* 40 (2004), S. 417–423.

L. v. Rosenstiel. *Grundlagen der Organisationspsychologie: Basiswissen und Anwendungshinweise.* 6. Aufl. Stuttgart: Schäffer-Poeschel, 2007.

D. Scheele. *Die Arbeit wird uns nicht ausgehen – aber.* 2022. https://www.wiwo.de/politik/deutschland/arbeitnehmermarkt-die-arbeit-wird-uns-nicht-ausgehen-aber-/28505482.html.

A. M. Schüller. *Zukunft der Arbeit: Rollen statt Stellen.* 2021. https://www.hrjournal.de/zukunft-der-arbeit-rollen-statt-stellen/.

F. Schulz von Thun. *Miteinander reden: 2. Stille, Werte und Persönlichkeitsentwicklung. Differenzielle Psychologie der Kommunikation.* 40. Auflage. Hamburg: Rowohlt Taschenbuch Verlag, 2022.

A. Shokoya. *Waterfall to agile a practical guide to agile transition.* TamaRe House, 2012.

A. Shokoya und A. (Hrsg.) Häusling. *Agile Organisationen. Transformationen erfolgreich gestalten- Beispiele agiler Pioniere.* Bd. 2. Haufe, 2012.

Skillties. *Skillties.com.* 2023. https://www.skillties.com.

Statistisches Bundesamt (Destatis). *Bevölkerung. Mitten im demographischen Wandel.* 2023. https://www.destatis.de/DE/Themen/Querschnitt/Demografischer-Wandel/demografie-mitten-im-wandel.html.

P.O. Stocker und E. Wyrsch. *Die Unternehmensstrategie. Von der Entwicklung zur Umsetzung.* Verlag: SKV AG, Zürich, 2014.

H. Strasser und M.S. Kleiner. „Weymann, A.: Sozialer Wandel. Theorien zur Dynamik der modernen Gesellschaft". In: *KZfSS Kölner Zeitschrift für Soziologie und Sozialpsychologie* 52.2 (2000), S. 351–353.

S. Thiemann. *So führen Sie richtig Führungsstile: Mitarbeitermotivation von heute*. 2022. https://www.cio.de/a/wie-ein-moderner-fuehrungsstil-aussieht,3260793.

useblocks GmbH. *SALARY*. 2023. https://useblocks.com/hires/#salary.

N. Warkentin. *Vorurteile am Arbeitsplatz: Die Schubladen im Kopf*. 2022. https://karrierebibel.de/vorurteile-am-arbeitsplatz/.

A. Wodzak-Littig. *Predictive Index – das entscheidende Tool in der Personalentwicklung*. 2020. https://www.wodzak-littig.de/blog/predictive-index-das-entscheidende-tool-in-der-personalentwicklung/.

Dr. Doris Wolf. *Werte und Wertvorstellungen*. 2022. https://www.palverlag.de/lebenshilfe-abc/wertvorstellungen.html.